DISCLAIMER

The author and publisher are providing this book and its contents on an "as is" basis and make no representations or warranties of any kind with respect to this book or its contents. The author and publisher disclaim all such representations and warranties, including but not limited to warranties of merchantability. In addition, the author and publisher do not represent or warrant that the information accessible via this book is accurate, complete, or current.

Except as specifically stated in this book, neither the author nor publisher, nor any authors, contributors, or other representatives will be liable for damages arising out of or in connection with the use of this book. This is a comprehensive limitation of liability that applies to all damages of any kind, including (without limitation) compensatory; direct, indirect, or consequential damages; loss of data, income, or profit; loss of or damage to property; and claims of third parties.

FIRST EDITION - Published 2021

Extra Graphic Material From: www.freepik.com
Thanks to: Alekksall, Starline, Pch.vector, Rawpixel.com, Vectorpocket, Dgim-studio, Upklyak, Macrovector & Freepik.com Designers

This Book Offers Free Bonus Puzzles
Available Here:

BestActivityBooks.com/WSBONUS20

5 TIPS TO START!

1) HOW TO SOLVE

The Puzzles are in a Classic Format:

- Words are hidden without breaks (no spaces, dashes, ...)
- Orientation: Forward & Backward, Up & Down or
  in Diagonal (can be in both directions)
- Words can overlap or cross each other

2) LEVEL UP THE GAME!

A space is provided next to each word to write new ones, translations or notes. We also offer a convenient **NOTEBOOK** at the end of this edition. It can help you organize your annotations, new words and/or observations.

3) TAG YOUR WORDS

Have you tried using a tag system? For example, you could mark the words which have been difficult to find with a cross, the ones you loved with a star, new words with a triangle, rare words with a diamond and so on...

4) EASY TO CUT!

The Puzzles come with an Extra Large margin to easily cut the page out of the book. Some people may feel it more convenient to solve them this way.

5) FINISHED?

Go to the bonus section: **MONSTER CHALLENGE** to find a free game offered at the end of this edition!

Want **more fun** and activities to **relax? It's Fast and Simple!** An entire Game Book Collection **just one click away!**

Find your next challenge at:

BestActivityBooks.com/MyNextWordSearch

Ready, Set... Go!

Did you know there are around 7,000 different languages in the world? Words are precious.

We love languages and have been working hard to make the highest quality books for you. Our ingredients?

One part easy-to-read print, three parts entertainment, then we add some challenging words and a pinch of rare ones. We brew them with care to serve you lots of fun and an opportunity to solve the best puzzles.

Your feedback is essential. You can be an active participant in the success of this book by leaving us a review. Tell us what you liked most in this edition!

Here is a short link which will take you to your Amazon orders review page.

BestBooksActivity.com/Review50

Thanks for your fidelity and enjoy the Game!

Delta Classics Team

Puzzle 1

主	要	な	話	ヘ	ジ	ョ	ブ	砂	向	ト	好	写	エ	コ
進	ト	登	る	影	権	化	ス	場	場	摘	き	重	化	無
ヒ	れ	ヒ	ヌ	響	報	っ	登	投	て	退	だ	嶋	レ	摘
阪	通	読	会	を	ど	ょ	グ	る	ょ	ッ	せ	話	ふ	っ
然	せ	っ	ツ	芸	本	然	ン	ぼ	ノ	出	た	再	ょ	ょ
開	能	ヌ	選	だ	覧	リ	キ	ソ	む	ビ	る	カ	育	結
場	ぼ	多	加	芸	じ	フ	ー	カ	ス	タ	最	近	、	見
能	話	だ	ひ	応	ブ	開	ベ	重	プ	ミ	む	セ	弱	つ
方	ひ	静	囚	ま	イ	ト	ひ	セ	ー	ン	つ	は	ち	か
何	カ	向	か	ブ	ラ	ッ	ク	ひ	ン	ソ	歩	い	ち	っ
ニ	投	場	向	な	ツ	ペ	読	だ	歩	ま	妊	ハ	に	た
所	報	画	む	然	摘	決	ひ	選	む	む	ど	ん	ん	！
プ	レ	ー	ン	ド	を	わ	し	場	ス	ヒ	退	ニ	こ	ツ
チ	ェ	ン	ジ	ソ	報	所	ド	て	コ	通	レ	テ	方	重

ヘ影響を	主要な
静かな	しわを
最近、	ベーキング
決して	スカーフ
ついに！	ライブ
プレーン	ビタミン
スプーン	好きだった
チェンジ	見つかった
ペット	ブラック
こんにちは	ジョブ

Puzzle 2

つ	ま	先	も	う	ち	ょ	っ	と	。	フ	読	ま	話	砂	
リ	ホ	妊	登	ス	ふ	モ	精	摘	ス	ク	ル	退	ス	報	ぎ
ト	ク	オ	リ	テ	ィ	海	ホ	場	チ	ロ	ス	ゅ	本	報	ぎ
向	ひ	弱	然	本	テ	せ	然	も	指	ウ	ス	ホ	報	故	
妊	写	サ	っ	妊	話	ヌ	ニ	弱	ニ	ソ	意	話	ヌ	ォ	ぎ
圧	安	育	ツ	シ	狙	ハ	ソ	加	く	手	歩	ッ	配	ウ	故
ノ	通	京	む	サ	ス	通	ゃ	報	側	二	ニ	や	ビ	権	ぎ
セ	近	づ	き	ま	す	タ	ズ	信	カ	や	暫	ッ	論	圧	ぎ
ン	バ	っ	何	狙	ス	ー	じ	リ	フ	ッ	グ	会	応		
ト	ニ	ひ	て	育	ク	ト	ェ	る	ャ	相	互	作	用	る	
ラ	ー	話	ひ	ぎ	ラ	レ	フ	覧	ラ	ワ	少	場	解	然	ウ
ル	ツ	報	ド	だ	ブ	ノ	話	ょ	ー	数	リ	セ	レ	ル	
登	ト	加	っ	せ	ん	選	応	ホ	派	ク	ヒ	む	フ	じ	
故	ホ	ぼ	ふ	芸	の	学	校	を	し						

セントラル	フクロウ
ウォッチ	の学校をし
少数派	ウルフ
バニー	相互作用
近づきます	指名手配
カリフラワー	クオリティ
もうちょっと。	スクラブ
ビッグ	つま先
フェーズ	信じる
ホップ	シスター

Puzzle 3

バ ス ケ ッ ト 持 選 っ く 側 一 モ 阪 ヌ っ
場 意 安 ク ヌ 登 っ 摘 然 百 般 重 化 京 暫
だ せ 私 ロ テ お ま っ 百 的 写 室 ょ も 辞
ん 痛 ゃ 結 ー ど っ 百 い し 切 安 登 ノ れ
チ 再 い ヒ 暫 ル ト ょ っ ヱ 適 の ド 々 の
ぐ し ほ ラ や レ 向 報 ぐ 育 不 セ ャ リ 通
コ 出 化 ど ア ー ニ の ル 農 産 ド が 加 普
室 無 エ っ 精 ン り ま 不 せ 物 ん レ 害 の
ガ ッ だ 投 場 グ 故 カ 産 ん が 障 ヒ 妊 キ
フ ィ シ ュ 開 報 場 ザ リ 意 レ 害 ニ 写 ッ
ょ た ソ 場 金 乏 見 ド 意 カ 送 は 進 チ
そ れ は ボ ー リ ン グ 見 て ！ 信 で ま ン
ん 優 じ る ヌ 金 乏 読 ぐ サ ぎ ル ま 側
し お ヌ 芸 ト 向 だ 百 ヱ き 応

痛いほど　　　　　　トレーニング
一般的な　　　　　　キッチン
持っている　　　　　それは
フィッシュ　　　　　障害の
普通の　　　　　　　ボーリング
見て！　　　　　　　優れた
不適切な　　　　　　ロール
の個々の　　　　　　ガット
ありません　　　　　バスケット
送信は　　　　　　　の農産物が

Puzzle 4

カ 社 む 応 ヒ ス 楽 ニ 会 覧 ゅ っ ク 開 側
ろ 歩 だ 離 て タ ト し 開 コ 向 会 ス 発 十
コ 室 ハ れ 投 レ く レ 風 呂 の ぐ レ し 進
掛 け 算 る れ で 愛 ど ン せ ゃ で ッ ま 法
結 所 構 築 物 進 コ だ 応 ジ る ス ド す で
金 選 権 妊 ん レ ク 育 方 会 進 ト る む ま
選 ぐ し デ ヌ 所 本 ふ 選 チ ひ を ト ど ひ
狙 ソ 開 側 ザ 辞 再 加 安 チ ェ や や を 愛
の 例 で は 、 イ 阪 ヒ 合 ウ ェ ぐ 占 育 辞
エ キ ス パ イ ド 化 許 応 じ る や め ヱ 能
読 ル ょ レ ン 圧 囚 無 嶋 嶋 側 エ る な ぎ
む 解 で く や エ で 会 だ だ 権 ャ エ く エ
ニ 能 コ だ ブ 選 囚 応 ぽ 嶋 エ コ だ な ク
大 き く な り ル ひ ス 場 セ ル 本 コ っ 精

チェックを	ヒョウ
占める	十進法
ダブル	風呂の
デザイン	なくなっ
楽しませる	離れる
許します	構築物
掛け算	エキスパンド
ストレンジスト	スレッド
の例では、	レタス
大きくなり	開発します

Puzzle 5

```
モ 精 ホ ソ お 合 ヌ や コ ょ エ 論 ぎ 辞 海
完 社 摘 退 ー ュ ビ レ ン 多 の 外 に ろ 私
璧 可 能 な ぽ セ 登 私 ト ひ ふ カ ヘ ビ は
を ゃ サ 会 然 ー ふ ラ 弱 室 ス 解 ス や し
ぐ ひ ん キ ャ ト チ ジ ス ま 権 タ 写 ス 京
干 ば つ 狙 無 ー ャ ま の で ム ょ 出 京 京
探 検 隊 室 危 ひ キ 笑 場 っ カ ル 応 意 意
き 百 だ 本 険 弱 て ド 育 た ス ぽ だ 圧 圧
ぎ 再 ふ れ ク が ヱ 向 辞 ル イ っ ニ お 乏
く 歯 科 医 阪 近 ヒ ツ ー ぽ ワ 退 写 だ 辞
ブ 画 テ む 辞 ニ く 多 乏 ウ ヒ 画 芸 レ
ニ ロ プ ッ ト や で ろ ヌ ヌ ょ 会 画 二 進 合
登 エ ー く 安 室 ざ ょ 化 方 ラ 能 二 ホ
場 ひ キ ス く 開 セ 社 っ ホ だ 退 室 ホ 合
```

キャッチ	干ばつ
笑った	危険が
ソーセージの	ワイルドキャット
探検隊	ウール
歯科医	の外に
レビュー	キープ
プット	可能な
ブロー	コントラス
カスタムカスタム	近くで
ヘビは	完璧を

Puzzle 6

```
エ ゃ 本 ヌ 圧 ツ 十 ん ツ し ソ れ む 解 ア
ラ ひ お ぼ 退 歩 レ 分 金 る 選 ー ど る ク
ー フ リ ー ズ 応 囚 し な じ ベ リ シ 退 セ
を ツ ひ ま っ 開 ざ ド ま 投 れ ホ 室 む ス
も ま 阪 無 っ ド ト む 妊 ぐ 重 出 む 不 ル
ま ぼ 読 レ ヒ 結 精 育 ぐ ろ 登 登 注 芸 ボ
結 ヌ 精 暫 報 ぎ チ 室 コ レ 会 無 意 ト ト
ま 海 停 止 し ま し ぽ ん だ 狙 な セ ル ー
し 恥 ず か し が り 屋 叫 悪 の す ト 意 プ
た っ 買 ぽ ょ 画 海 最 然 ざ ひ べ な ま ト
ぎ ょ 加 然 ホ ク 炊 ド ショ ひ だ き セ 愛 側
応 カ や ル 本 し 飯 ボ イ ス れ で 重 セ れ
だ 話 リ チ 権 ニ 器 登 応 ス 辞 海 嶋 ト 妊
ざ 向 ょ ハ ぼ 芸 つ 阪 ツ 百 私 嶋 ト 妊 れ
```

ました	ホリー
叫んだ	最悪の
ソーシャル	すべき
買った	十分な
炊飯器	不注意な
アクセス	ショック
プール	停止しました
フリーズ	恥ずかしがり屋
ボイス	コレクト
ボトル	エラーを

Puzzle 7

```
よ ド 、 私 バ 違 セ チ っ ボ 精 で 故 リ 圧
う 引 よ 私 ー ク う ぎ お 通 リ せ 弱 も ょ
こ り 応 よ ジ 所 ん デ ス ク 再 ハ 私 リ 維
そ 張 サ 育 ョ 愛 だ く だ 砂 歩 ォ 嶋 持
！ る ン チ ン い 意 ア 芸 。 覧 京 私 ド ム 合 す
権 レ イ ジ ー っ 加 タ 摘 金 阪 ー フ し る
加 ひ ワ セ も か ヌ ッ ょ 場 ハ た コ か ト
開 ひ ニ ぎ 育 ぐ ク ゅ 京 ざ し 暖 モ 無
多 然 化 す こ と が で ド き す っ い
ブ ラ ッ ド 玉 退 選 じ つ ま ド 行 合 ツ
ヒ 芸 し せ ニ 所 開 何 退 ド き ず か っ
乏 ハ 所 だ ぎ た 立 独 い 選 暫 て
故 報 ひ レ 阪 乏 べ の 砂 何 狙 っ 安
も だ 画 暫 ょ ヱ 育 覧 覧 嶋 ど 歩 ト れ
```

引っ張る
暖かい
デスク
いつか
の独立した
、より
ようこそ！
のいずれか
バージョン
フォー

違うんだ。
維持する
アタック
玉ねぎ
ワイン
レイジー
ブラッド
行きました
することができます
ボリューム

Puzzle 8

ギ	ガ	ン	テ	ィ	ッ	ク	ナ	お	か	京	重	ク	所	意
ヱ	ょ	エ	辞	ラ	ま	ぎ	レ	母	フ	わ	っ	フ	ェ	ょ
の	庭	の	知	既	崩	百	ー	さ	ィ	む	い	ド	ル	私
フ	登	院	ス	お	壊	多	タ	ん	ギ	辞	安	い	べ	妊
ゃ	リ	病	ク	囚	を	ド	ー	ギ	ュ	こ	こ	に	ヱ	テ
ひ	ゃ	ー	ジ	芸	だ	安	論	百	ア	ひ	退	確	京	能
砂	で	ル	や	圧	レ	乏	結	写	ヱ	百	海	正	ハ	乏
ま	る	愛	を	ア	ふ	れ	る	ス	化	多	し	思	選	む
狙	乏	声	母	出	し	て	多	ょ	選	、	ス	い	向	向
愛	テ	ハ	叔	き	歩	ツ	ス	ヒ	投	辞	サ	や	悲	つ
加	話	二	読	選	ノ	っ	海	ゅ	辞	本	ー	り	し	変
本	っ	読	ス	ニ	ょ	圧	写	投	歩	投	プ	や	い	更
ゅ	場	開	セ	ヒ	ヌ	ど	ヌ	妊	歩	能	無	応	京	す
二	ぎ	京	ゅ	ま	百	摘	方	ル	ヌ	き	通	ぐ	京	る

スープ	フィギュア
悲しい	フェル
ナレーター	ここに
フリージア	の庭の
思いやり	病院の
、正確に	変更する
既知の	崩壊を
かわいい	声を出して
テニス	お母さんが
ギガンティック	叔母を

Puzzle 9

```
ホ ハ グ っ 社 所 ぎ ハ ぎ セ 場 ク っ 報 然 ベ
ょ 圧 っ ラ 乏 何 写 側 も レ ゃ 登 リ 方 べ イ
金 つ 辞 ヤ ス 多 セ 決 た ク バ レ ン タ イ バ
ま ツ テ マ ヌ ホ 退 め ら ト ッ レ オ イ 開 場
ヌ 然 タ ネ 読 ド る し ひ 側 モ ざ 重 会 応 ス
故 解 マ コ れ 囚 っ パ た 再 画 場 重 会 応 ヒ
ゃ 進 ネ ブ ラ ウ ス ヱ 囚 試 み を 議 の つ ニ
エ ぽ ギ ヒ 辞 ぽ き チ 意 所 会 議 加 の ひ っ
ア ブ 向 だ 側 れ 大 丈 夫 安 嶋 加 応 ボ ト 所
ヱ イ 海 故 れ ゃ ル ぽ ヒ で ソ チ 本 ク ル ぽ
側 ラ デ ぽ 妊 ぐ タ 愛 暫 ど き 重 私 は 解
む ド ょ ア 論 ラ ン プ イ タ 私 ク ぎ 私 し
所 精 読 き ろ 覧 メ 海 る 写 も て 摘 ヌ ひ
カ や 向 ク 投 に も か か わ ラ 加
```

会議の　　　　　　　試みを
タイプ　　　　　　　セレクト
ボトルは　　　　　　ランプ
アイデア　　　　　　ドライブ
タマネギ　　　　　　ブラウス
決める　　　　　　　ヤマネコ
グラスホッパー　　　バイオレット
大丈夫　　　　　　　メンタル
モック　　　　　　　バレンタイ
もたらした　　　　　にもかかわ

Puzzle 10

登	結	愛	モ	サ	ス	せ	本	ぎ	チ	ク	ス	リ	ド	コ
ク	イ	ッ	ク	れ	イ	想	像	し	て	み	て	ル	ド	ン
れ	記	退	囚	ょ	育	ク	割	り	込	み	だ	辞	ー	テ
権	事	っ	ぽ	れ	だ	ス	ル	ん	ぎ	何	阪	ぎ	サ	ン
登	の	囚	る	言	語	の	精	ろ	く	ツ	場	ぎ	ぼ	ツ
カ	登	何	場	登	イ	ン	タ	ビ	ュ	ー	レ	ベ	ル	て
再	き	ク	べ	意	側	場	阪	乏	辞	ポ	サ	ィ	ま	ク
リ	故	嶋	選	れ	ヒ	狙	モ	愛	だ	ス	モ	ひ	エ	じ
最	近	の	囚	ス	社	砂	ス	精	ビ	ニ	ミ	ひ	フ	ハ
側	セ	だ	育	辞	リ	ぐ	っ	ん	ー	暫	ル	ヘ	ト	オ
解	所	リ	室	ひ	ニ	ヌ	ハ	ぽ	チ	ョ	プ	リ	所	モ
ゃ	ひ	百	写	ひ	論	エ	故	嶋	意	再	ー	コ	故	っ
ぎ	加	意	育	覧	何	も	な	い	写	応	ル	プ	意	っ
多	社	側	せ	育	囚	ス	結	び	目	セ	ス	タ	暫	狙

言語の	ビーチ
スルー	リスク
ミルプール	結び目
記事の	レベル
クイック	サイクル
割り込み	インタビュー
何もない	ヘリコプタ
最近の	オフィサー
想像してみて	コンテンツ
スポーツ	サード

Puzzle 11

```
ト っ 出 ひ 阪 ツ ル だ ヌ ト 覧 所 ウ ヌ ま
で つ ひ ゅ ド 妊 会 廃 砂 で 結 カ ォ 故 ラ
ぼ 用 タ ハ っ ニ 棄 金 阪 写 ま ー ヌ 弱 ベ
会 報 語 イ 写 ぽ ラ 物 画 し 再 摘 ク 弱 ク
し 場 ょ 集 狙 合 ヌ 覧 頭 百 し ハ 化 阪 化
日 リ 精 ヱ ヒ ー 所 ク を ク お ろ 加 ノ 阪
差 室 育 セ ッ 合 っ し 化 は 画 加 再 ぽ ノ
し 狙 阪 ト ス べ だ 海 下 大 ス 再 読 特 ぽ
ン オ ニ パ ン コ 暫 で 精 ろ き 場 別 リ ゃ
ャ 歩 ド ス お ー 会 精 ！ な 別 特 ゅ イ レ
シ 優 し く や ト ヌ た 再 バ 百 ゅ ぼ リ
ー レ タ ス 使 用 さ れ ゃ イ 社 て っ ぼ ズ
オ 武 器 の も ょ 論 が 合 ト 京 海 む 退 れ
応 て 精 登 出 セ 阪 注 く ク 圧 無 加 登 弱
```

日差し	優しく
ウォーク	レイズ
用語集	レタス使用され
コンパニオン	武器の
頭を下げろ！	注がれた
タイガー	特別な
バイト	廃棄物
ヒット	オーシャン
ベスト	は大きな
持って	コート

Puzzle 12

第	六	回	ん	辞	百	開	場	重	合	通	育	権	レ	時
故	故	れ	モ	リ	辞	解	ふ	重	辞	ざ	応	チ	私	間
選	れ	社	ジ	に	合	ひ	わ	故	京	砂	金	登	ろ	の
さ	ク	ッ	ェ	チ	デ	や	ふ	ぽ	側	ラ	写	応	出	ノ
ペ	ッ	ク	ン	ジ	ン	合	わ	ニ	ハ	囚	ふ	ざ	く	ニ
登	ト	所	ト	ャ	チ	辞	読	ス	論	話	退	目	ぎ	っ
退	登	ル	イ	ラ	ジ	で	エ	ジ	セ	ー	の	が	番	つ
ハ	マ	登	進	ス	ャ	ホ	ッ	ー	ン	ネ	マ	覚	登	モ
ネ	ン	有	応	で	ラ	テ	ャ	モ	ス	ぼ	向	め	ド	通
ッ	マ	無	ォ	ホ	摘	ル	コ	乏	ー	て	芸	報	ス	ろ
る	リ	ク	開	辞	芸	ろ	向	テ	ぼ	ン	化	る	サ	話
何	論	ヌ	チ	ル	な	意	無	話	ど	故	る	ベ	イ	精
で	論	だ	乏	弱	れ	で	ひ	狙	ソ	だ	れ	ン	本	芸
も	る	場	ろ	じ	ぐ	百	多	投	社	囚	退	っ		故
ド	嶋	ド												

チェックさ	ペック
リジェクト	ホテル
目が覚め	第六回
インチに	有能な
マネージャが	フォールト
時間の	デンジャラス
ふわふわ	ハンマー
ネック	エッセンス
番目の	何でも
ジェントル	サイン

Puzzle 13

```
場 重 抱 ポ 向 じ ト 読 所 も ス つ れ 然 な
ひ 相 き 愛 ジ 阪 ギ リ 会 ど 暫 ペ 開 ん 簡
歩 手 し 解 テ 意 フ ハ ー ド ル ル 選 単 な
ソ の め ぶ ど ぅ ィ ト ロ 室 ゃ 阪 を ク 画
だ 場 ら 育 何 ど 何 化 フ 意 む ひ ン エ る
ん だ れ ま 能 で 弱 読 安 光 沢 の あ ル す
思 画 て ク 暫 ひ 投 登 向 こ の 故 ツ 精 与
い 金 論 嶋 投 海 退 通 乏 れ タ 出 ベ 弱 関
る 百 き 食 海 化 出 べ だ は ブ 精 レ 精 退
故 じ 嶋 摘 っ ざ ざ 向 セ ポ ル 弱 ヱ リ ひ
ど 覧 食 育 温 計 リ 乏 リ ー ク 精 何 ャ 何
狙 覧 物 温 度 的 ス 阪 は タ 阪 ベ レ ま 然
何 ! 育 民 主 な 場 な ひ ブ ッ 精 何 私 解
意 図 す る め 含 社 も せ 暫 ど プ 私 然 し
```

含める　　　　　温度計
クリップ　　　　相手の
ポータブル　　　光沢のある
な簡単な　　　　関与する
民主的な　　　　これは、
抱きしめられて　食べ物！
ハード　　　　　ギフト
意図する　　　　ポジティブ
フォロー　　　　だと思い
スペルを　　　　ぶどう

Puzzle 14

```
向 ベ む ぎ く ニ だ レ 弱 嶋 っ 場 ニ セ カ
写 安 ヒ つ 愛 阪 室 育 能 ホ 的 場 然 ン て
シ ル キ ー ピ ッ ハ ス ワ 法 話 サ セ ラ 登
乾 燥 さ せ た ぼ ふ 使 命 は の で の レ 大
ワ ー ド ロ ー ブ は バ コ さ 海 社 ラ ス 人
オ し チ ぐ モ ル ト む ひ ら 辞 も じ カ の
何 オ 意 モ 再 む ぎ 無 進 に に ゃ せ ー 嶋
せ 金 ヤ っ ま し ソ 開 く サ ぎ 育 然 フ ぎ
ゃ 画 無 マ ざ 愛 ヒ 進 出 ル 芸 ょ ぎ ォ 故
ぽ 進 ひ 場 ネ く ソ ニ ウ そ の た ぼ め ツ す
摘 百 ク 望 ス コ ヒ サ 出 ェ 維 ぼ 場 ク ノ
愛 会 ぐ 加 遠 室 の 辞 ル 持 ア ト む す て だ
私 ツ つ れ 多 鏡 れ ぎ ぐ ア ヌ 画 ざ ク せ
権 ホ 暫 ょ べ ヌ だ 結 ヌ ぼ 画 せ だ
```

スワン
ハッピー
望遠鏡
トルコ
オオヤマネコの
ワードローブは
バンの
大人の
使命は、
センセレス

さらに
維持します
フォーカス
シルキー
ウェア
会社は
、法的
ので、
乾燥させた
そのため

Puzzle 15

```
ノ 緩 騎 士 は ょ 故 ニ フ や 登 無 ヌ れ ソ
登 や 圧 セ カ ン ド ま ス ォ 応 意 れ ま 応
覧 か 方 嶋 投 登 テ ホ ト つ 一 味 所 芸 合 れ
ま な 病 所 フ ノ ふ 芸 リ 能 故 何 ク 妊 囚
れ 嶋 気 ソ ル 会 然 結 ッ や ま を 悲 ヰ
せ ぼ は ジ ー セ ー ソ ク 丸 薬 ク を ひ 何
ょ 話 ド チ ツ 本 権 妊 会 ル 悲 ざ し 金
応 ゅ ハ 化 リ で や て 二 然 陳 海 ひ い
っ 捧 読 弱 芸 ぎ ひ む 摘 述 ぼ し 通
歩 げ ゃ 開 報 歩 ょ ざ 側 書 だ ぎ ク
投 ま ヴ 芸 選 ク 砂 乏 ヌ ピ ア ノ ム カ
重 す ォ 場 多 ょ ふ 覧 せ ッ ヌ じ ぽ 行
ヌ む イ れ ク 合 連 邦 政 府 の 機 ぽ 飛 愛
結 ニ ド な ぜ な ら チ 然 阪 サ ぽ 愛 ん 側
```

丸薬を	トリック
悲しい。	ヴォイド
に関する	フルーツ
捧げます	フォーク
ソーセージ	なぜなら
騎士は	ムカデ
緩やかな	陳述書
連邦政府の	セカンド
病気は	無意味
ピアノ	飛行機の

Puzzle 16

論れ興味をんカっ精専会歩っ読金
登れだで場てッバ芸門ホヒ読芸ナ
ひ登クリーんゃー家所進いコいイ
シラプーハラインた本しヌぎセト
権論ラキチ囚読愛摘初加ドな向ぼ
ツ化プソノヱ弱ヌ期奇妙ド読意ふ
ろざ然多、コんセ本て精本場っ能
反育も愛彼加索検初ま本論室摘室
映安スニらる論ふ期い化報スス私
す進全百はモ覧写の化ルん報辞写
る多ど場モ摘精面化どクんれ報セ
ゅぼ育場モぼ歩だテホンホ嶋れド
ヒふ育ホ乞ヱ読安白ーパれド結無
ぽ本妊嬉しそうに安ルスス嶋ド無

クリーン   安全は
奇妙な   の検索を
スパークル   ライン
ナイト   嬉しそうに
反映する   面白い
ホールド   、彼らが
プラン   キノコ
シャンプーは   専門家
興味を   初期の
ていました   カバーた

Puzzle 17

ピ	ー	ス	患	者	さ	ん	に	高	ひ	ヒ	ク	方	で	お
ラ	悲	引	意	ポ	暫	チ	リ	よ	価	！	ポ	化	ト	ど
雪	し	き	シ	イ	何	チ	ア	し	！	な	サ	ひ	レ	、
だ	い	出	ェ	ン	精	っ	投	る	な	ひ	ッ	ひ	ト	さ
る	こ	し	イ	テ	言	能	っ	京	く	テ	セ	場	、	ま
ま	と	が	ク	ィ	っ	ト	ド	ヒ	動	場	も	き	さ	ざ
ふ	チ	進	ス	解	た	ぎ	ド	ソ	ぽ	室	歩	だ	ま	ま
味	わ	い	祝	お	ヌ	場	ル	ノ	ホ	く	無	む	ざ	な
ハ	育	読	ヱ	お	弱	京	論	結	ひ	出	レ	ま	ま	所
に	適	し	コ	芸	論	重	ゅ	圧	ヱ	何	じ	エ	な	や
権	ろ	論	エ	ざ	妊	妊	選	応	ト	ひ	ぎ	ス	阪	能
ヒ	べ	ト	ミ	大	胆	な	ぼ	報	し	ヒ	囚	ぼ	妊	ろ
然	覧	ド	ー	ワ	ォ	フ	加	暫	っ	モ	ク	モ	ろ	ま
ろ	ト	モ	ル	芸	退	ざ	合	通	ツ	覧	ツ	ニ	嶋	む

味わい	ポインティ
言った	患者さん
高価な	ポット
悲しいこと	、さまざまな
お祝い	シェイク
引き出しが	アリに
動くな！	による
ピース	エミール
に適し	フォワード
大胆な	雪だるま

Puzzle 18

側 モ 実 行 が 投 方 摘 妊 ガ カ リ ブ ー が
く 会 応 論 ま 場 む れ し ソ 京 私 ひ っ 解
安 場 投 カ ソ フ ァ ー 辞 リ テ ど 月 安 ホ カ
ゼ ロ ゲ ー ト ー ポ レ ジ ン レ ア 弱 曜 カ
ク セ 妊 精 ト や ル 重 じ ぼ や 信 開 ひ 日 ニ
ル 所 ノ 育 弱 コ 歩 場 ド ヒ ソ 頼 ま エ 辞
エ グ ゼ ク ティ ブ で 多 再 暫 性 読 ル ぎ
気 サ イ ト 然 応 愛 会 画 砂 の 話 れ ド 進 ベ
応 を 門 部 圧 ヌ レ 自 分 の 高 阪 ド 化 ニ
ヱ だ 散 ゴ 圧 ま ン 開 通 く て い 海 は ー
ヌ ニ 何 ら ー 権 ド 子 ど も た ち は 、 ニ
合 ぐ 故 暫 す ズ リ ス ト リ ッ プ ル 進 ズ
砂 解 ク 摘 ょ ト 進 ヱ 会 ト せ 解 室 化 テ
覧 ヒ 退 ふ 話 本 合 愛 ひ 方 ま 登 精 進 テ

ガソリン	エグゼクティブ
ソファー	信頼性の高い
アレンジ	月曜日
ゼロゲート	実行が
カリブーが	子どもたちは、
部門を	レポート
ニーズ	エルク
ストリップ	自分の
フレンドリ	サイト
気を散らす	ゴーズ

Puzzle 19

```
ラ ブ ハ サ 助 然 化 側 ハ で キ 所 ふ 考 ト
ゅ 側 ッ 故 け む ル 場 芸 覧 ャ 開 社 慮 圧
進 報 だ 通 て し 何 二 も 乏 べ 安 を す ん
レ 応 る 出 ！ 社 砂 ベ ッ ド ツ チ る 宣 言
新 精 出 阪 登 チ 、 ソ ミ ス テ リ ー も 言
し 退 能 素 所 解 は 砂 再 海 故 お ピ ょ に
い 解 リ ス 晴 ら し い ト 室 ょ ス ド フ ェ
ざ ぼ 摘 論 チ 破 報 場 ぎ 覧 ス 摘 ェ 応 タ
だ 暫 ょ チ 登 ょ 私 本 暫 論 無 だ ミ ナ イ
意 ょ レ 覧 場 報 応 ニ ゃ 圧 の 社 コ ン ト
登 論 ク ー ペ 狙 囚 レ ズ テ 故 ス ー ト ル
ぼ て 能 ぽ 妊 ス 側 ろ ボ 一 に ン ぽ ダ ヌ
ざ 乏 育 ょ れ ホ 側 ろ ボ 一 緒 に ン ぽ
安 砂 お 場 消 し ゴ ム ン 画 方 無 砂 ダ ヌ
```

ミステリー
ズボン
キャベツ
一緒に
タイトル
助けて！
破らは、
ブック
ベッド
フロート

スピーチを
考慮する
素晴らしい
新しい
ドミナント
消しゴム
クーペ
宣言に
コーン
ダンスの

Puzzle 20

```
摘 フ 金 せ ヌ 自 体 は 嶋 ト 側 繰 セ き 故 し
レ ァ っ べ だ れ 愛 れ ヌ ラ ろ り ス だ 無 登
ク イ ウ べ 暫 ひ だ ヌ ブ 摘 返 応 だ セ 然 故
し ヤ ク ひ コ だ ナ ー ル 囚 し ぼ セ ッ 多 ト
場 ー 育 ざ ー ナ 囚 す 権 ツ 社 室 ト 壊 精 乏
近 マ 本 進 覧 タ 登 ご ティ ー ワ 夜 異 れ 向 精
代 ン 無 パ ド ン 場 い カ マ ー 明 な た 登 ソ
的 話 パ イ ナ コ れ じ 見 ガ パ け 登 じ 意 チ
な ぐ モ っ 京 ン ル ゃ え ジ 夜 方 し ラ 向 向
ニ ブ レ イ ブ コ 加 ん た ン 明 ハ 弱 意 側 ソ
て っ ソ れ だ ヱ 乏 。 何 ニ け 化 側 向 ひ チ
登 だ モ コ ホ ラ 本 ひ 百 ニ 方 ト 化 側 ひ ト
無 じ 論 解 報 ス ゅ だ ざ っ
ひゅ ら ラ 圧 し 会 進 場 ク だ
```

ホイール	マガジン
夜明け	ティーポット
コーナー	パイナップル
コットン	ブレイブ
繰り返し	ファイヤーマン
見えた	すごいじゃん。
パワー	異なる
壊れた	ウェイク
トラブル	近代的な
自体は	スター

Puzzle 21

```
読 お ひ ポ 尋 ね ら れ る ル ソ 登 無 ツ 歩
方 セ だ だ リ 摘 ク セ ひ 進 乏 能 場 画 だ
エ れ ら 報 ド シ ま 側 覧 ろ ク 写 ヌ 無 囚
っ 莫 っ 場 レ ワ ー ヴ ィ レ ッ ジ 論 っ ろ
歩 大 き 砂 し 方 ー ひ ペ し ピ 達 進 っ ひ
ツ な 画 お 社 れ テ ド 加 ン ト し れ 開
歩 暫 べ 芸 加 写 阪 れ ロ 重 が た 弱 所 ト
お な じ み の ン リ ブ ゴ ー 思 い 出 す 彼
読 覧 し 京 報 何 れ 権 応 再 所 加 乗 ス 自
ト ラ イ ア ル 私 所 し っ セ る っ 重 身
だ ふ 乏 育 会 む モ 選 、 投 だ チ て ど ク
ん 側 ツ ヱ 無 じ ニ 合 後 ー ヤ ー レ プ エ
妊 む 私 ス む る 愛 カ に ル も ズ 乗 り 物
好 感 度 選 ざ 多 権 ろ 、 す べ て の ト 然
```

トピック	乗り物
好感度	ワードロー
乗って	ペンが
チーズ	彼自身
、すべての	プレーヤー
トライアル	達した
思い出す	尋ねられる
おなじみの	ポリシー
莫大な	ヴィレッジ
ゴブリンの	、後に

Puzzle 22

ろ	ス	摘	リ	せ	登	応	ホ	お	れ	ヒ	金	で	ど	歩
エ	ラ	ー	読	ビ	ベ	再	テ	詰	め	合	わ	せ	お	れ
遊	論	社	愛	し	ン	ヱ	イ	カ	ラ	フ	ル	な	願	ま
せ	び	二	安	嶋	ョ	グ	じ	ま	ぼ	退	キ	登	い	む
圧	ノ	心	サ	覧	シ	意	読	芸	話	ス	加	二	し	二
退	結	ド	の	ド	ッ	ウ	所	ル	応	二	ニ	を	す	れ
ろ	ぼ	ソ	品	あ	ミ	本	お	応	乏	ぽ	安	私	。	歩
出	サ	退	製	コ	る	す	求	要	開	安	ム	私	歩	き
百	生	故	草	期	間	の	結	ス	ウ	ィ	ー	ト	本	き
砂	場	ま	ん	加	故	育	場	エ	暫	暫	リ	構	造	は
愛	権	芸	れ	む	論	無	じ	砂	ヒ	意	ク	ろ	ク	て
能	京	ゅ	う	だ	き	く	何	狙	登	投	登	室	場	二
ヒ	く	ヌ	ほ	実	行	し	て	い	る	が	っ	か	り	精
海	本	ひ	や	合	や	何	ひ	ラ	ハ	意	解	登	愛	圧

がっかり	要求する
お願いします。	製品の
テイク	ウッド
実行している	生まれ
期間の	エラー
詰め合わせ	構造は
ほうれん草	カラフルな
リビング	ミッション
遊び心のある	スウィート
クリームを	スキル

Puzzle 23

せ	無	サ	育	精	ニ	フ	ス	加	の	れ	ハ	ふ	精	ょ
フ	ラ	ワ	ー	化	ジ	リ	ろ	べ	官	薬	ひ	ニ	ゅ	や
狙	話	応	し	だ	向	ー	リ	メ	判	摘	剤	出	安	重
ネ	イ	ショ	ン	な	ダ	メ	乏	裁	金	ょ	は	る	故	阪
安	ゅ	報	せ	育	つ	ム	ゃ	イ	ふ	ホ	辞	化	故	加
結	無	乏	て	や	か	ん	退	然	ろ	ト	進	応	弱	む
所	多	ラ	だ	狙	要	然	育	る	ヌ	狙	ド	ま	イ	応
能	コ	海	レ	弱	重	精	カ	イ	ト	ー	サ	イ	タ	屋
本	サ	だ	コ	海	ゃ	ア	ッ	プ	ル	エ	ク	セ	ル	外
摘	然	カ	ょ	ぼ	何	ぎ	ト	辞	カ	ブ	合	ひ	ピ	で
合	れ	ベ	ト	ニ	ょ	っ	コ	ジ	ノ	ン	写	ハ	ャ	モ
ょ	レ	安	砂	し	ろ	ふ	方	化	ィ	て	ひ	コ	ン	ン
ま	や	金	サ	し	モ	退	ヱ	精	フ	だ	コ	ろ	キ	キ
ょ	チ	重	量	を	量	る	卒	業	生	登	意	ぎ	能	ー

卒業生	ネイション
エクセル	キャピタル
フリーダム	重量を量る
やかん	インサート
フラワー	カイト
フィジカル	ハンブル
屋外で	の薬剤は
モンキー	裁判官の
アップル	イメージ
メリー	重要かつな

Puzzle 24

```
画 画 臆 で 写 ト 百 加 ス フ 加 会 テ ぼ 私
能 ん ド 病 ブ リ ッ ジ く ッ バ ナ ナ を た
ニ む ボ ス な 金 圧 安 ニ レ ト ク 開 摘 歩
精 選 故 ー お 辞 会 応 写 ソ ぼ 海 ト 報 の
ヘ 狙 報 リ 論 社 ニ 然 ヱ 正 つ 阪 む の ヌ
ッ ひ 弱 リ ル の 棚 く 正 解 ぼ ノ 向 さ チ
ド 進 阪 私 ル ッ 本 選 ル ！ ん だ 出 い 思
チ む 嶋 写 能 ジ 選 ガ ス る 現 何 ま し じ
京 京 暫 覧 私 リ 妊 ャ 出 だ 不 し す ス て
リ 育 何 読 育 応 室 ス 場 京 通 ん 思 意 本
立 っ て い た ス る れ 京 妊 然 思 議 ヒ ヒ
ラ ッ ソ ク 挿 レ モ 会 ぼ コ ぼ 圧 報 能
チ 百 ぼ 砂 入 ク ひ ド 読 京 ぽ 京 圧 報
選 室 カ っ し も 金 レ 選 精 登 ぽ ま し て
```

思い出させる	臆病な
不思議	ラッソ
本棚の	ボールド
リジッド	ガスト
フット	会社の
ヘッド	正解！
私たちの	出現します
立っていた	ブリッジ
バナナを	のない
挿入し	リリース

Puzzle 25

```
ラ ブ リ ー 巻 通 だ 選 望 私 れ 通 ト ヌ 育
滅 び の 投 き ク ト っ 金 ん ふ れ 社 覧 愛
読 ヒ 再 育 込 ヌ 育 チ ニ れ で ぽ 芸 や ト
で 歩 進 京 む 能 安 覧 ま で 然 い 本 す ぼ
ゅ 話 だ ひ 砂 妊 エ 圧 故 れ エ る ら 開 報
じ 投 加 故 場 社 ニ 画 っ 覧 ぐ れ ぎ 応 サ
育 歩 せ の 意 に 向 か て ク 故 ニ 無 弱
辞 故 ま 政 開 繁 ク 加 出 ろ リ エ ブ く
テ 金 オ 治 く 頻 芸 べ 報 話 ス ク ー ひ
京 合 オ ょ 覧 話 ク だ 利 用 可 能 ム 化
ス 何 カ で ひ 友 通 再 然 消 防 士 チ だ
ざ キ ミ ョ 合 人 ヒ ラ む サ そ し て ア ド
べ 暫 ン 狙 ク は ス グ ン
エ ン ジ ン ぼ 論 報 カ ぎ リ ン ゴ を
```

エンジン　　　　　ムーブ
リンゴを　　　　　そして
サングラスは　　　巻き込む
レクリエー　　　　消防士
ドアを　　　　　　オオカミ
ラブリー　　　　　滅びの
友人は　　　　　　頻繁に
やすらぎ　　　　　再利用可能
望んでいる　　　　に向かって
の政治　　　　　　スキン

Puzzle 26

```
テ 圧 妊 ホ だ モ ハ イ 百 ゴ ゃ 金 ニ ト
ス の オ ファ ー カ レ セ ー テ ツ 歩 登 レ
し 報 囚 愛 明 所 ブ ス ー シ 読 シ ル ジ
タ だ ベ チ 日 行 ン シ テ ン 無 ン ざ ャ
ー 歩 加 べ は き 選 ョ 愛 よ 骨 グ ど ー
ン ゃ 所 る ろ ま 歩 ン 私 な 安 ひ 品 い
外 ぎ 多 ふ ヌ す さ よ 弱 だ ニ き っ 権
ス 観 レ 海 室 会 モ 愛 な エ ブ 董 ヌ 結
ト ふ の 京 だ 何 エ 辞 ら な れ 狙 弱 コ
コ の サ タ き ツ セ 無 ン イ 進 ハ ま だ
ー ふ 方 圧 圧 ス カ 的 イ マ 愛 ル て る
ブ 応 無 投 ゃ ぐ 室 本 マ 狙 圧 ま ソ だ
ゅ だ 摘 で ル れ 場 基 れ 応 応 辞 れ ぎ
れ 京 重 ヌ 覧 多 現 実 の っ ス き 選 ト
出 れ 　 報 　 モ 進 現 　 圧 　 　 　 　
```

のオファー	ゴースト
イレブン	明日は
ターン	現実の
ストーブ	さよなら
外観の	シングル
行きます	の基本的な
トレジャー	ひどい
ピーチ	骨董品
セクション	エイブル
マイン	レンタル

Puzzle 27

結	妊	ひ	だ	ラ	再	囚	場	も	会	リ	選	無	イ	方
サ	育	話	ハ	ル	イ	ボ	室	お	ぽ	私	安	ぽ	ソ	ま
応	し	場	ク	圧	室	ブ	む	ぎ	話	ふ	故	ギ	ノ	乏
テ	化	場	砂	ざ	コ	ゃ	ラ	歩	室	広	化	ン	ノ	京
歩	ク	結	グ	メ	側	手	進	リ	然	欺	く	チ	の	ん
権	退	ノ	ン	モ	チ	続	被	害	者	読	応	ゃ	も	セ
む	リ	結	ロ	リ	百	き	ケ	ア	レ	ス	京	ク	な	海
だ	然	向	ト	ジ	て	ぼ	コ	ク	能	ヌ	可	要	乏	覧
ま	レ	ソ	ス	解	何	デ	狙	む	乏	ょ	能	必	場	故
セ	方	ホ	加	砂	摘	ィ	ド	社	覧	方	性	権	ヌ	カ
ラ	イ	ブ	ラ	リ	を	ベ	ラ	カ	安	パ	ま	然	む	摘
ま	大	学	は	、	ヒ	ー	イ	場	阪	ー	す	も	じ	ヒ
私	報	じ	レ	ぎ	場	ト	バ	話	ん	ト	ッ	ァ	フ	ゃ
ど	意	故	方	芸	ン	プ	ー	オ	ソ	セ	ょ	ふ	然	ゃ

オープン	欺くの
ディベート	可能性ます
ライブラリを	メモリ
ファット	被害者
パート	ライブラリ
手続き	必要なもの
ストロング	大学は、
の広い	テクノロジ
ボイル	ドライバー
イソギンチャク	ケアレス

Puzzle 28

ミ	イ	タ	チ	室	だ	ど	加	ツ	圧	ミ	ディ	ア	ム		
で	ラ	マ	フ	安	能	レ	チ	報	金	や	結	故	で	芸	
精	ズ	ー	ラ	明	セ	明	確	に	する	狙	生	物	学	無	
登	る	テ	グ	ト	解	る	ひ	応	れ	レ	ク	ニ	向		
ヌ	妊	無	ラ	る	あ	ホ	本	ら	ま	ラ	金	ュ			
、	販	き	パ	に	ふ	カ	レ	室	取	狙	退	ー	シ		
マ	ヱ	売	ぐ	後	ぎ	ラ	ハ	ソ	ドリ	ひ	ル	ュ			
ニ	社	ク	者	背	り	会	ン	ひ	ま	ざ	へ	再			
ュ	れ	ゅ	せ	の	ル	ベ	レ	じ	と	京	会	向	合		
ア	阪	ぼ	き	係	ボ	ッ	ク	ス	の	ま	ざ	重	ぎ	乏	
ル	ス	選	ノ	関	ッ	ニ	嶋	ぐ	ひ	権	ス	愛			
ヒ	芸	ル	社	海	ツ	ろ	選	で	弱	金	サ	ノ	社		
何	報	セ	ロ	リ	メ	ガ	ネ	だ	む	選	リ	能	通		
阪	論	応	阪	て	し	摘	加	砂	ま		加		ヱ		

セトラーズ	ボックスの
セロリ	取られる
販売者の	レベルの
の背後にある	関係の
テーマ	ミラー
パラグラフ	メガネ
、マニュアル	イタチ
明確にする	ヘルシー
ミディアム	クラッシュ
カラント	生物学

Puzzle 29

チ や 重 コ ラ 読 洗 芸 ク 選 食 砂 ル 加 だ
無 っ ノ ろ ト 加 出 結 挙 べ 弱 ヌ く 写 ジ
結 選 グ 通 ま 権 濯 物 の て き ラ 組 み ャ
ぽ ニ ン ト ゅ ノ 解 無 べ い お ヒ 合 わ ー
デ だ ィ し 京 ど 方 エ エ な ん ハ せ の ク
ヌ プ ヴ ひ 開 解 ホ 結 っ い き 重 か の て
私 写 ラ メ ん 方 場 精 飛 歩 ん か う ど ヱ
通 再 だ イ ヱ ス 砂 ヌ 摘 行 セ う の か 圧
せ ふ 所 セ 意 再 然 見 機 れ ク コ は
ハ イ ウ ェ ぼ る ら れ ひ の る ネ
だ 狙 進 ぽ イ デ 精 出 や さ ぐ 何 モ
じ む ホ ま ゃ ー タ ラ ト ー キ ス れ ネ
落 ち 着 い て 室 方 会 ひ 定 ス モ つ ア
京 き ル 暫 ゃ 出 ブ 登 ク 化 圧 想 再

ジャーク	選挙の
ウェーブ	洗濯物
と言うの	ハイウェイ
データ	組み合わせ
食べていない	飛行機
アネモネは	かどうか
見られる	ラヴィング
デプライブ	カメラ
想定される	のコース
モスキート	落ち着いて

Puzzle 30

```
証 明 し ま す 含 巻 ま 出 摩 出 私 達 せ だ
も う 一 つ の ま き ア だ 耗 無 退 成 ゅ く
話 ク っ ぎ 育 れ 戻 ャ ジ が て だ す ぐ 側
然 ょ ク ソ の べ し お ぽ リ 所 モ る 京 狙
投 っ エ ん 読 い 場 ぺ だ ス 歩 ド 合 憎 ひ
覧 ふ ぎ 選 場 る 化 ー ろ 登 ま す て し ニ
グ ー ス ベ リ ー 社 パ 壊 れ 場 む 応 み ラ
権 ラ 育 ー ぼ せ ひ ー 然 選 場 本 の む 、
芸 リ ル っ ュ ヒ 意 加 く だ ヌ モ で さ ら
ヌ ニ 重 ス ヒ ニ 弱 ハ 乏 ド 海 本 す ゃ に
ス ピ ー ド 覧 再 摘 暫 む 所 有 す る な れ
バ る ヱ ス む チ 登 場 方 投 向 阪 る 芸 解
写 ッ 論 本 ド ヒ ニ ノ 応 ワ ゴ ン 異 の レ
ざ を ト ス ポ そ の も の っ 再 ヌ の 覧
```

証明します	の異なる
含まれている	摩耗が
巻き戻し	グースベリー
憎しみの	ワゴン
スピード	、さらに
ポストを	ニュース
バット	アジャスト
もう一つの	壊れます
所有する	そのもの
達成する	ペーパー

Puzzle 31

```
ぼ 無 ト だ 愛 ヌ 金 投 ニ ト き セ ノ 応 ぎ
し ニ 妊 っ 通 海 暫 ぐ 応 マ 水 嬉 し い 興
解 れ せ ま 覧 狙 自 ヌ エ ト べ 曜 や ゅ 味
何 開 ヌ ふ 会 や 応 身 ま 私 ゅ サ 日 私 津
読 ょ さ せ る 辞 応 自 の 来 将 ク 弱 通 々
カ 暫 囚 百 で 室 多 分 論 室 解 む 妊 読 ラ
側 加 精 ぼ 芸 ょ だ 自 結 安 ホ 通 加 ど ひ
話 ホ 乏 せ ス ー ナ 阪 ロ イ ベ ン ト あ チ
し 覧 金 誇 ア リ ド 会 場 ッ 社 話 安 ま 所
ぎ れ き り イ ェ ウ ア 画 弱 ク 室 選 り 読
弱 ク 本 に テ チ ぐ 歩 ひ 写 本 室 京 に ス
選 ト 場 思 ム ア ー ティ ス べ ぐ ド も 重
報 投 ヱ っ 解 ト 報 応 ぎ 向 報 進 弱 ド ス
京 ツ 選 て け つ を 気 芸 、 急 速 に ス 場
```

水曜日
あまりにも
自身の
将来の
アイテム
トマト
誇りに思って
アウェイ
ナース
自分自身

アーティス
チェリー
気をつけて
結論の
興味津々
させる
ロック
、急速に
嬉しい
イベント

Puzzle 32

```
人 は 、 室 成 ヒ イ ラ ギ 通 常 の 用 採 ブ
通 化 然 退 セ 功 社 乏 意 テ 妊 質 存 識 ル
ラ 阪 ツ 退 ソ し セ き 投 品 在 別 ょ 再 ー
コ ミ ュ 権 育 会 し た し 立 孤 辞 き モ ベ
多 砂 ひ チ コ た た が 方 室 暫 ょ ン ル
リ 覧 こ 嶋 ひ 見 ぎ っ 登 本 き 再 阪 重
ひ ひ ら む お す え る 多 写 や 通 ン で
を 示 し ま す ょ 多 解 弱 社 開 む 私 ふ
ょ ふ 登 砂 く つ ニ ラ ぽ 多 フ レ 私 阪 暫
登 サ ジ ェ ン ド ン 圧 妊 サ ひ 進 意 狙 能
エ ー ジ ェ ン 進 し だ 登 ぽ つ 選 化 マ 本 ノ
れ ク 進 所 ラ む 無 妊 暫 安 ズ だ 社
ぽ 所 ラ 嶋 べ く ヒ ぐ 妊 進 選 ざ シ チ
話 っ 嶋 べ く 進 エ ニ ノ 百 ク ニ ル ン
```

孤立した   マシン
エージェン   通常の
したがって   人は、
チャンス   ブルーベル
見える   識別する
採用の   存在する
品質の   メンション
フレンズ   コミュ
これら   ヒイラギ
を示します   成功した

Puzzle 33

```
む 歩 ソ 然 チ ロ 室 通 ヌ 解 く ぽ も ぼ 加
く ア ク ト ェ 私 ケ 砂 圧 摘 ま し 場 精 だ
ビ ジ ョ ン ー れ ト 化 ス 無 本 嶋 ノ モ 論
ひ 進 ざ 画 ン 覧 金 乏 ぎ 弱 芸 ふ 登 会
ツ ラ 裁 判 所 が ラ ゅ 芸 リ 弱 は な セ ニ
ょ ぼ 登 も 観 育 写 乏 百 ヒ 芸 ル く ま
狙 っ 報 室 察 向 リ ヌ コ ラ イ ド の サ
の 砂 だ リ 育 す 能 阪 れ 画 場 報 部 妊
ー ソ ヌ 応 ラ コ る い て し 探 ル 屋 リ
シ 芸 論 っ ぎ を り 使 て さ れ 弱 は ム
ク ラ ブ の ょ ン 意 入 憎 し み ヒ ー ッ
タ 結 だ ブ リ ー フ け 狙 コ 弱 ピ タ
ょ カ コ ノ く ル 加 受 ご 紹 介 ュ 覧 カ
ひ ト ト 意 ル バ 弱 辞 ぼ 選 ス 解 ょ ツ ぽ
```

使用される
クラブの
観察する
バルーンを
の部屋は
憎しみ
コンピュータ
探している
チェーン
受け入れる

カタツムリ
ロケット
ではなく
裁判所が
アクト
ビジョン
ブリーフ
コライド
タクシーの
ご紹介

Puzzle 34

レ	用	品	は	、	エ	本	ひ	化	く	ょ	楽	社	ソ	絹
ど	ん	と	ほ	は	ー	テ	レ	ビ	の	場	し	加	愛	の
ラ	ッ	プ	論	三	ジ	進	海	開	ろ	争	い	買	能	よ
チ	ゅ	故	十	第	ェ	嶋	て	意	多	加	競	っ	重	う
ゃ	解	ハ	分	何	ン	二	ひ	重	能	側	側	て	だ	な
ラ	ひ	狙	に	セ	ト	お	乏	ス	ひ	愛	写	芸	社	る
ヌ	安	ツ	場	ロ	重	ぽ	の	リ	ど	選	ぼ	つ	開	二
聞	ん	カ	出	リ	ア	ク	テ	ブ	ク	摘	本	所	然	だ
ピ	い	退	囚	の	多	進	囚	テ	ン	リ	モ	ラ	セ	む
ま	ざ	た	途	方	も	な	い	ニ	セ	ア	砂	ん	再	ま
話	テ	を	ル	ド	ン	ハ	っ	ュ	ア	も	サ	側	辞	コ
登	写	歩	ル	ょ	砂	意	ラ	ミ	会	暫	金	レ	育	ぼ
意	通	写	論	合	ル	歩	ル	コ	だ	ろ	狙	狙		
砂	ド	二	所	無	ヱ	セ	ふ	っ	砂	無	通	狙	狙	ぼ

途方もない	セロリの
楽しい	テレビの
はほとんど	第三は、
買って	十分に
競争の	ラップ
エージェント	コミュニティの
アクティブ	クリア
ピザを	絹のような
ハンドルを	聞いた
アセンブリ	用品は、

Puzzle 35

ひ	芸	乏	て	何	阪	ヱ	す	ハ	ひ	サ	摘	ょ	や	狙
育	ラ	ろ	開	進	る	狙	べ	画	私	ヌ	暫	チ	プ	ベ
ベ	ジ	タ	ブ	ル	エ	ド	き	圧	今	日	は	解	ロ	ー
ア	ウ	ト	カ	ム	祖	社	で	に	つ	い	て	ぐ	ダ	キ
だ	砂	ト	テ	退	父	フ	す	摘	所	ッ	暫	ム	ク	ン
手	ブ	レ	ネ	ポ	は	ヱ	ラ	フ	リ	パ	く	ト	グ
ベ	ソ	ヌ	ッ	で	能	テ	ク	辞	く	ゅ	ァ	会	暫	を
故	ハ	ニ	ト	安	何	応	ス	結	開	穏	フ	暫	写	く
ア	イ	ン	サ	イ	ド	じ	所	セ	話	や	ヌ	育	ト
し	ク	狙	ひ	ぽ	ネ	多	多	だ	海	か	し	型	く
れ	応	シ	重	嶋	イ	乏	報	安	ノ	な	的	ひ	典
ハ	て	つ	ョ	コ	バ	ぎ	愛	精	通	っ	囚	ど	場	重
私	辞	サ	弱	ン	ー	ニ	場	り	て	京	ツ	論	場	ラ
許	し	て	ん	歩	ズ	権	然	加	ま	所	故	っ	能	重

手ブレ	フラグ
ベーキングを	ベジタブル
について	ネイバーズ
ネット	祖父は
今日は	ポテト
すべきです	アクション
アウトカム	インサイド
プロダクト	許して
ファーム	フリッパー
穏やかな	典型的な

Puzzle 36

```
重 場 出 し ム 囚 オ キ ド 再 海 ヌ サ ハ ゃ
ス タ イ ル ー ホ レ ツ ひ 再 だ レ や き ぐ
べ っ ぐ 摘 ル ツ ネ 狙 ヌ サ ジ 出 る ふ ま
オ オ ヤ マ ネ コ ジ 百 ル サ ェ ド ス せ る
コ 読 ス く ょ ヌ 嶋 覧 ル ネ ネ ス 再 元 ス
画 応 ろ 快 適 ノ ワ ブ ラ ブ ラ 歩 ポ に ま
き 歩 テ 適 加 ツ の ー ブ 能 シ ホ ン 戻 ぽ
社 妊 読 な 所 ざ 然 き ド を フ ニ 安 す 私
ス ぐ 本 ダ イ ジ ェ ス ト ン ィ 砂 だ ラ ラ
摘 せ レ 精 ホ 画 せ コ イ ニ ア 話 っ 読 摘
ソ コ 応 ス 報 ぎ せ コ コ ひ ト ろ ミ ッ リ
れ 歩 芸 乏 摘 ハ 向 た ぶ ん ペ ー ニ ク 画
の 反 対 が 話 ひ 化 ど 側 圧 結 ー ジ ざ 権
エ ひ 退 話 ヱ モ 愛 会 多 力 覧 ま ジ ざ ク
```

ダイジェスト	の反対が
スポンジ	ラブ-ラブ
ジェネラシティ	オオヤマネコ
フリー	快適な
ワードを	ルーム
元に戻す	オレンジ
ページ	ブルーの
ホール	キツネ
アトミック	コイン
たぶん	スタイル

Puzzle 37

考 弱 本 半 ブ 社 ショット 覧 激 葉 ナ ト
暫 え 金 分 ラ 登 っだけん 場 フ 育 しっぱ レ ひ
投 だ る の ウ 石 通 私 ァ 場 囚 ー む
何 妊 ソ こ ン 多 安 本 ェ 歩 ニ て 画 地 ぎ 何 で 進 ヌ
退 阪 退 権 と ぼ れ ょ ひ ヱ ト を 面 地 進
論 赤 っ 再 弱 芸 エ 読 愛 サ ひ 画 私
圧 ち 無 場 ぽ 応 出 無 セ ブ 妊 私 圧
愛 ゃ ど ろ ト 結 会 辞 コ お 圧 リ 通
ん ん 暫 て 芸 囚 む 暫 う ン 会 フ ヱ 社
広 減 ら す 贅 沢 な ひ ハ パ 金 ヌ
が だ ヒ 進 意 ょ 退 ス ン 側
り ぼ テ 選 応 だ 権 チ ソ オ ロ
を セ レ ょ 地 球 ラ ジ オ や や ラ
モ 京 結 ヒ 阪 摘 ド や お ゃ や 歩 せ 加

ナレーターを	サブコンパクト
赤ちゃん	葉っぱ
柔軟な	贅沢な
石けん	考えること
ファイト	ショット
地球ラジオ	リフレクト
減らす	半分の
フロント	ブラウン
出会う	地面を
激しい	広がりを

Puzzle 38

```
ど 解 ス テ イ プ 圧 写 ぎ 合 リ 歩 ツ 精 再
開 決 や リ 精 ッ 然 お ヒ 室 ょ 室 会 本 投
ゃ 済 場 ふ ょ 権 正 狙 金 結 ひ ト 乏 育 モ
加 み ビ ジ ネ 正 だ い 高 度 を も テ 愛 二
む っ セ ん 結 セ し ニ 海 つ も ホ お 故 摘
退 べ だ 望 成 功 き ま た 魅 テ フ ャ お 会
テ 芸 で 遠 き 多 京 し 登 力 ホ ャ 弱 歩 ス
辞 ン 室 鏡 登 セ ホ べ ソ 的 側 囚 れ モ グ
サ 室 ト に 暫 急 進 ホ リ な 社 れ イ ガ リ
報 ざ ク っ 阪 じ ぎ ら ュ 社 方 に ジ ャ 投
結 ノ パ ク 阪 ぎ れ ー シ 向 は 無 ブ 重
開 金 ン ボ ル ト ま ぎ ス ョ 世 界 に ジ 妊
出 嶋 コ 決 定 する 故 す ョ ン 界 は 精 論 重
選 故 応 る て 場 て 場 方 ン ニ 無 精 論 重
```

ジャガイモ	ボルト
正しい	スリップ
ソリューション	ビジネス
テント	望遠鏡に
方向に	魅力的な
成功しました	高度を
決定する	急ぎます
ファイブ	スグリ
解決済み	コンパクト
世界は	ステイ

Puzzle 39

```
ボ ト ベ 阪 芸 辞 乏 ま ぼ ヒ 多 退 ト 妊 然
ト 阪 ラ ま す 説 明 し ド 芸 だ フ ロ ア を
ル 愛 無 ン 然 進 登 ま ホ 愛 ニ 応 写 テ 何
を 退 育 サ 相 読 ソ テ ど 場 重 続 連 ス ょ
リ 本 や 然 互 リ リ ッ ホ 砂 ホ い お ウ 社
お 嶋 阪 読 リ ト ッ た っ 応 多 合 う ダ ぎ
チ 平 エ 能 ン だ ク ほ 話 何 応 し 合 ー 所
サ 和 カ 私 ク 応 応 だ い し 合 多 室 ブ 私
リ な 弱 こ 歩 開 育 話 だ 正 合 ラ シ ヌ だ
働 く こ と の 再 何 だ 再 本 儀 シ ス ヱ 報
ク ギ フ ト こ 出 ヲ 本 ぽ 礼 ラ シ ス ム 権
ツ 話 ソ 育 歩 れ 会 れ ら ク 礼 ヱ ム リ 向
ぼ や 出 故 ゃ レ ひ ら ク ヱ だ れ リ 話 せ
モ 能 百 所 方 歩 ひ 無 の 写 乏 ソ 何 解 投
```

ダウンステア	ホット
太陽の光	ギルティ
ボトルを	の連続した
ギフトの	家族の
話し合う	これらの
礼儀正しい	ます説明し
トランク	システム
働くこと	サーブ
トラベル	相互リンク
フロアを	平和な

Puzzle 40

```
阪 べ ど ぐ ま だ 加 囚 安 砂 妊 コ 社 ど ハ 読
会 以 来 、 の 生 産 ろ 意 どっ ク サ 安 で 論 進
せ ぽ 何 ソ 阪 ヱ 京 ス れ ク ト ホ 砂 写 り ソ
る れ る 女 ク ラ ブ ま お ク 登 ヱ あ た り 故
を 益 利 の 子 分 む ん 結 囚 報 あ り ぐ く だ
ト 出 で 子 写 ヒ セ お ぐ 報 シ ン ー ル と 能
タ ウ の サ ー マ ル 結 砂 シ ー ア ゴ ア 京 う
応 合 感 水 牛 に ク シ ェ ア 投 覧 精 エ ひ 弱
合 然 芸 じ む 画 ハ 権 投 覧 き し ン ハ 砂 多
ツ モ セ り た れ ら め し き 抱 形 ド リ 社 嶋
弱 ク 加 れ カ ナ ッ ト 三 角 妊 カ ニ 社 ろ 歩
れ 進 ヱ レ 論 ひ 合 ラ ゃ 所 妊 カ ス 応 ろ 結
歩 芸 砂 ハ せ ぽ ゃ 故 嶋 モ ラ 重 圧
ス き ぎ 摘 百 つ コ れ む ろ 嶋 ラ 重 圧
```

サーマル	感じた
タウン	エアー
分子の	エンド
あたり	の利益を
水牛に	クラブ
ナット	以来、
抱きしめられた	シェア
の生産	ゴーン
女の子の	三角形
ありがとう	シール

Puzzle 41

```
狙 歩 本 ト 気 論 安 失 シ 確 選 く イ テ 選
ゃ 進 ぽ 画 に こ 圧 わ ャ テ か ざ ー レ ゅ
靴 下 は 、 な れ ハ れ 阪 写 ィ に グ ひ 暫
登 ょ 結 ニ る ま ぼ た っ 京 ト セ 育 ル し ヌ
写 べ ざ 権 方 で だ て ゅ 育 ん ひ じ 意 お 重
応 れ 金 テ ラ イ フ く ー フ ェ ル 重 通 タ
場 向 再 ど 辞 ま べ ー ハ 愛 ル 覧 ラ ニ イ
ホ 摘 向 百 百 京 精 無 ゃ 側 重 犯 ニ は プ
ス ペ ル ホ 場 レ エ 結 ぼ 安 覧 何 か 素 の
歩 ヒ 社 ス テ ラ 側 砂 コ 再 ル リ 論 敵 報
る ょ 結 ト ス し ト ン ク 画 サ テ な く
ゃ く 進 場 ぐ お 海 ツ ス 摘 ツ ま ど
少 数 の ス く ニ 妊 砂 再 カ
再 合 ま 側 る ま 応 選 パ ソ コ ン 故
```

スペル　　　　　　　フェルト
気になる方　　　　ホスト
少数の　　　　　　失われた
犯罪は　　　　　　靴下は、
素敵な　　　　　　ライフ
テレビ　　　　　　パソコン
確かに　　　　　　これまで
タイプの　　　　　コントラスト
イーグル　　　　　のほか
ハーフ　　　　　　シティ

Puzzle 42

じ	側	イ	パ	モ	意	き	ろ	ぶ	ひ	ん	っ	歩	安	多
の	ク	ン	ピ	ー	は	写	育	ら	精	故	故	本	モ	ま
ん	ん	ス	シ	話	ス	し	下	乏	開	お	私	ぼ	ろ	無
投	乏	タ	ム	社	ニ	ご	が	然	開	テ	場	ろ	ニ	然
セ	ツ	ン	ウ	ダ	ケ	意	サ	る	二	で	方	モ	エ	登
言	多	ト	ト	論	ク	ッ	場	プ	重	室	囚	応	精	投
っ	ゃ	ー	ン	芸	ッ	ろ	摘	重	能	ト	退	意	進	る
て	サ	ラ	テ	結	ブ	ス	重	マ	ー	オ	フ	パ	ヌ	百
い	ょ	ア	会	ぽ	覧	ひ	ク	せ	安	ォ	カ	ヌ	グ	だ
ま	は	ホ	ン	シ	ョ	シ	エ	リ	ク	ベ	ダ	グ	ッ	ル
す	さ	出	せ	本	妊	ー	せ	し	か	レ	ン	ッ	バ	ー
室	み	能	摘	合	私	暫	す	ま	圧	ス	だ	バ	ぽ	ボ
ニ	ふ	ぎ	画	ざ	テ	す	ぎ	し	読	ム	ヲ	ぽ	ド	狙
ユ	ニ	ッ	ト	ん	ヌ	社	選	ぎ	能	用	嶋	ド	だ	然

ピンクの	ブックケース
ダウン	適用します
レクリエーション	スクリーム
パースニップ	ユニット
アラート	ボール
テントウムシ	インスタント
パフォーマンス	はしご
かかし	はさみ
言っています	ぶら下がる
バッグ	ダングル

Puzzle 43

```
ょ 読 開 覧 ゴ ソ カ 何 リ 無 貧 技 ぎ ょ う
妊 グ ン キ ー ト 然 社 海 む し 私 術 じ さ ぎ
ニ ク 金 燃 ル カ ン ガ ル ー い 歩 む が ぎ
セ ペ ヌ や ド フ レ ッ シ ュ 室 コ 弱 ゃ 所
キ イ っ す ル ア ド バ イ ス 本 金 熱 心 なん
ュ ン む 結 カ ひ 室 退 乏 ど 室 側 ヒ 開 み
リ ト 加 持 ニ ひ 摘 選 辞 所 結 レ 多 場 ニ
テ ブ 結 っ し 側 解 れ 話 圧 辞 べ 論 ヌ 嶋
ィ ラ カ て い 改 話 ほ ニ モ し ぎ 再 チ で
に シ 写 た れ 革 ん こ 芸 ツ 登 モ っ カ 能
社 ひ 賢 い ス の ひ 化 登 り ひ 登 だ だ 嶋
コ 向 明 た ツ ひ カ ヱ ッ ひ の 能 カ 本 然
む ス な る 暫 ヱ 安 プ ド 何 多 っ テ 社 嶋
退 だ ト テ マ ー ク ル 砂 べ で 狙 い ゃ ひ
```

トーキング	技術が
持っていた	ほこりの多い
貧しい	改革の
燃やす	マーク
みんな	熱心な
カンガルー	セキュリティに
フレッシュ	カップル
うさぎ	ゴールド
アドバイス	ペイントブラシ
賢明な	コスト

Puzzle 44

```
嶋 側 合 嶋 応 方 引 ヱ ふ モ 所 ふ ク ス ニ 無
ま レ る く て 来 て っ 持 結 婚 式 選 無 ー タ
オ ブ ジ ェ ホ ん の 解 デ 張 ブ ら 応 化 リ れ ッ
い く ぽ か ぎ ヒ ソ ツ 重 リ ぽ 方 コ 方 っ ス ホ
ざ ぽ ょ ト ノ テ カ 意 ょ 嶋 二 ろ 投 能
狙 る で ン ラ メ 応 ッ ぐ 化 合 無 何 ス
論 出 ス メ 再 囚 報 応 だ シ フ 方 登 登 ニ
話 乏 タ ト ケ 囚 登 だ ョ 向 会 も ク 登 本
結 の ン ー っ テ リ ハ ン 会 ホ ワ パ ト ト
解 ば プ れ ス ホ 囚 所 ス ホ ワ イ ン パ ク 無
ぽ 出 れ ス た 向 画 重 ド シ イ ト 海 ス
レ ょ 場 向 意 精 解 ひ ェ 愛 故 故 通
ニ れ ぐ 意 画 精 テ ク ホ 権 ル 写 つ し り
ぽ 百 セ 画 も で っ コ 何 フ そ の 通 り ！
```

スタンプ	オブジェ
インパクト	ホッター
ブロッコリー	その通り！
ホワイト	結ばれた
テープ	持って来て
フラット	結婚式
引っ張られ	てくる
いくつかの	シェルフ
ステートメント	ディスカッション
ホーク	ハリケーンの

Puzzle 45

側エ育ラ覧行側再ゅ場まだズる接
安だ投画っ金動だショルダイク着剤
ょ暫げニ歩ぎをンンベリアラ剤ざ私
やいる明囚やン読ぎイおブとっ妊金囚
退場え登権本ょ話芸をこニ重っグおって
故し教何場応去るメリッちょ砂開弱ヌ故
カ通投場能取退だ妊だ重辞レ読重ひ
サ芸愛故たべ百ひおつレス芸意
まテ芸小無ざ方なヌだニヱ圧芸
テ何ゃき登合あ礼ぎジーだ論ヌエ
何むスジャンプ私ゃイーセラ論ヌ圧
むゅジャぎ論イージーだ故圧芸
ゅヱゃぎ進ざっ故てヌエ圧芸意ひ故

ジャンプ	イブニング
クライム	教える
投げる	行動を行動を
明るい	レッスンを
あなた	小さな
去ること	失礼な
ドラム	取った
イージー	接着剤
イベントを	メリット
ショルダー	アキューズ

Puzzle 46

ざ	読	オ	二	嶋	故	ゃ	ょ	乏	テ	狙	て	圧	砂	画
ホ	側	ま	ペ	き	や	能	重	芸	海	テ	再	結	業	従
ク	囚	ス	社	最	も	幸	せ	な	キ	シ	ん	然	員	乏
ディ	バ	ケ	イ	ド	ー	ト	心	論	ャ	能	会	私	ぐ	コ
ソ	ひ	出	会	い	多	配	情	的	ぽ	ン	プ	ハ	場	意
能	ヒ	レ	れ	も	故	し	な	能	プ	ラ	っ	だ	画	ゃ
京	本	ョ	ン	タ	加	暫	多	阪	ヱ	ニ	実	ツ	ゲ	っ
権	妊	所	ビ	読	覧	ミ	す	行	読	社	ー	ム	サ	ー
ス	芸	向	ュ	通	ド	ベ	育	ホ	退	解	や	ー	フ	フ
ネ	ょ	ラ	ー	登	ル	ひ	ツ	ゲ	ー	ム	ボ	ェ	ス	ェ
ー	く	れ	歩	化	ン	チ	カ	読	社	ト	ド	ス	ジ	ス
ク	つ	安	ど	ノ	両	じ	応	ホ	退	化	や	ジ	ャ	ジ
せ	レ	歩	ど	レ	端	ん	ホ	応	何	チ	ー	ジ		
レ	安			応	能	育	ニ	チ	狙	チ	ャ	ー	ジ	

キャンプ	実行する
バレンタイン	最も幸せな
スネーク	の両端
チャージ	オペレート
心配している	感情的な
サーフェス	従業員
ビュー	ゲーム
出会い	コヨーテ
ボトム	ディケイド
ミドル	シーク

Puzzle 47

ト	妊	便	解	コ	意	ル	ニ	歩	ぼ	報	砂	阪	愛	私
ろ	チ	ざ	利	暫	権	プ	解	写	ヱ	本	ニ	能	故	だ
ヌ	権	私	お	な	権	イ	タ	ビ	れ	投	コ	妊	化	ろ
れ	登	向	能	カ	プ	シ	む	進	意	っ	京	正	式	辞
ソ	む	進	阪	重	イ	ニ	私	ど	意	芸	会	然	式	ヌ
コ	ド	無	出	き	阪	方	ぎ	ぎ	故	ベ	、	出	ス	ハ
阪	辞	ノ	ニ	マ	き	ディ	び	ベ	っ	イ	出	開	セ	退
ょ	ク	話	権	ト	ゅ	叫	の	プ	！	報	側	ス	チ	条
行	った	ト	も	う	方	ツ	十	よ	！	ラ	む	セ	ッ	件
砂	覧	所	ラ	に	十	ノ	分	！	ド	リ	摘	ぼ	意	を
七	歩	コ	ス	論	達	重	京	メ	飛	む	然	ゅ	魅	条
面	ル	ろ	ト	！	ぞ	京	画	ド	れ	ぼ	あ	力	意	件
鳥	ぎ	再	ル	ル	や	カ	飛	リ	ふ	あ	力	魅	な	少
を	退	勉	強	し	な	さ	い	。	輝	か	し	い	な	少

勉強しなさい。　　　トラスト
叫びの　　　　　　　便利な
ディベイト　　　　　マスト
もう十分よ！　　　　、正式
飛ばすぞ！　　　　　少ない
に達する　　　　　　行った
インタビュ　　　　　シンプル
プラスチッ　　　　　輝かしい
魅力あふれる　　　　七面鳥を
条件を条件　　　　　ツノメドリ

Puzzle 48

エ圧トおまや成明モニターケッホ
、ネ然ノをク長らシーケンスラ論
イるミトすか本育ぎ化応ノっヱ解
ン写ひーーイにヌ圧く出写ヱた
テ歩ツッーペ卒カでど通様投乏
リ場ラ覧ス業にトお疲れ様ひラ嶋
ジ育育精応証必見えたチぐ辞ィる
ェクぐきく書必出揃圧きんパ済ざ
ンぼぎク加選モ要品プロクテソハ
トっレモネード暫なチェック済弱
なべぎ合れゅざだふき簡単なソせ
報狙故育圧報加然信開む然側エ安
応投囚海ホ欲求が頼暫重話無安ハ
ひラテ向多モテホの能ょ結ょハせ

プロパティ	お疲れ様でした
簡単な	欲求が
明らかにする	チェック済
必要な	スペースを
ホッケー	に見えた
品揃え	モニター
エネミー	、インテリジェントな
信頼の	卒業証書
レモネード	成長する
シーケンス	スイカ

Puzzle 49

ゲ	ー	ト	て	ぎ	エ	く	チ	会	ツ	社	海	故	室	出
進	ま	ッ	精	し	愛	所	ゅ	だ	ポ	イ	ン	ト	く	つ
ベ	ヌ	サ	て	育	あ	ょ	乏	ぽ	ソ	れ	ク	芸	ル	ぎ
ヌ	パ	ー	プ	ル	な	用	有	ゃ	弱	所	画	ク	読	論
値	す	る	ト	モ	た	ま	れ	に	辞	応	で	ラ	登	摘
レ	ボ	狙	車	転	自	ラ	サ	百	カ	圧	割	ス	リ	ル
ゃ	ス	デ	砂	イ	身	ー	ヤ	イ	レ	プ	く	り	る	っ
開	多	社	ィ	エ	の	ヤ	妊	ひ	エ	リ	む	く	当	や
お	ニ	百	テ	ロ	狙	イ	金	き	向	ン	本	当	の	て
お	嬢	さ	ん	ー	だ	ワ	テ	退	登	ひ	ス	無	ス	お
ゅ	っ	ゅ	側	退	話	化	場	重	報	テ	向	ま	室	ょ
ク	弱	嶋	ト	報	む	ぎ	る	投	合	弱	レ	論	写	ま
ト	登	レ	提	案	す	る	い	て	き	生	結	べ	圧	モ
ぼ	応	意	ぼ	故	ベ	ソ	ラ	選	無	ど	摘	囚	社	化

本当の	お嬢さん
割り当て	あなた自身の
まれに	パープル
有用な	生きている
サイエンス	クラス
イエロー	値する
ワイヤー	提案する
プレイヤー	ゲート
ボディ	ポイント
自転車	サット

Puzzle 50

乏　ど　金　だ　ん　嶋　で　ひ　テ　ニ　摘　登　百　も　登
解　向　話　重　カ　ラ　ス　の　声　応　金　も　覧　レ　乏
ま　画　権　サ　権　投　だ　終　わ　り　再　せ　側　ま　テ
ア　メ　リ　カ　ン　登　弱　れ　無　圧　な　進　ぎ　ニ　ニ
コ　ン　ビ　ネ　ー　シ　ョ　ン　モ　能　退　う　精　解　レ
化　ツ　囚　囚　辞　で　妊　何　ど　こ　か　で　弱　選　ト
権　ろ　ミ　ニ　だ　話　も　カ　ス　ニ　ス　ロ　ー　芸　リ
ゃ　精　ザ　祖　ア　ダ　ル　ト　ぽ　金　所　妊　芸　所
ひ　何　リ　っ　母　妊　論　通　メ　ン　バ　ー　の　百　カ
芸　合　ー　側　ボ　の　カ　リ　メ　ア　ょ　血　液　が　百
応　権　コ　ん　ド　ク　ス　無　幸　運　な　れ　ニ　セ　覧
一　時　停　止　ラ　ホ　シ　ヒ　ざ　ひ　あ　っ　た　ぼ　論
出　ハ　進　ホ　ー　ム　ス　ン　解　つ　き　開　モ　話
サ　ー　ビ　ス　も　所　芸　ラ　グ　エ　ン　ド　ウ　豆　の

スロー	ボクシング
サービス	アダルト
コンビネーション	ホーム
アメリカの	うなり声
アメリカン	エンドウ豆の
カラスの	祖母の
ミザリー	メンバーの
あった	一時停止
終わり	どこかで
幸運な	血液が

Puzzle 51

チ 名 誉 に れ エ ノ 能 ト サ で 囚 ベ ボ ル
ヒ ョ 多 れ ど だ ヒ 場 だ 化 ゼ 育 む ッ 化
や ノ コ ク ヌ し 無 ヒ 何 室 リ コ 話 ク 退
ぽ 芸 で レ 乏 解 ひ ル ー ス 登 芸 ク ス 然
つ 応 ゅ む ー ロ ィ ウ 乏 ト ク リ ひ ソ 弱
セ ヱ れ ひ ラ ト 多 数 派 チ グ ラ フ 側 進
ト 本 べ 精 ー ニ 百 コ リ 弱 ー 側 読 ょ ぼ
む ゅ ょ 開 き ル ブ ロ ッ ク は 、 バ ざ コ
ツ ぎ 今 日 の グ ル ー プ 整 や ぐ カ ク 芸
化 今 日 辞 乏 向 故 画 頓 写 ヌ 社 ッ 金 情
ヌ レ 辞 定 特 辞 た え 超 を 化 で ぎ ニ ト
故 れ ヌ 特 辞 ろ ソ 超 能 ょ ラ お カ 登 けない
ス ツ 進 室 応 開 スド む 権 出 選 暫 メ ぐ い

バーチャル	名誉に
特定の	チョコレート
ブロックは、	グループ
ゼリー	ルーラー
多数派	情けない
今日の	ルース
ノート	カット
メカニック	グラフ
を超えた	ウィロー
整頓を	ボックス

Puzzle 52

```
ク ざ っ ど 方 場 れ ホ 精 セ 加 大 ろ ク 進
イ 乏 社 会 べ サ が 開 始 す る 型 ソ ょ 安
ー 辞 っ ニ ル ブ ー テ 愛 ラ 約 ト ろ ろ 写
ン ぎ よ り 多 く の ビ 記 む 要 ラ バ バ ト
室 れ 暫 カ ゅ ア ニ ヌ 念 ス 日 ッ ー ー 囚
社 リ 嶋 場 ズ イ だ ヌ を ガ 提 ク ン っ 関
所 ト ス ラ イ デ ぎ 多 ノ レ 読 ョ の 弱 わ
で ん リ イ サ ン 写 場 れ 海 て ン だ だ る
く は ク サ バ ティ 然 だ ク 故 応 だ ま ま す
テ 退 会 育 プ ィ 囚 ぎ 投 私 ラ 化 す く 求
然 や ぐ 画 ホ テ ク ス 精 精 ど 登 く 通 追
イ ー ガ 社 ティ ヌ ス ド セ 故 エ ラ エ 何 ニ
場 加 ー し エ 話 ヌ ヒ ト 報 ト ど ト ラ で
ス 安 れ ぐ 阪 ふ 暫 何 所 報 社 ヱ 辞 読 や
```

クイーン	より多くの
イラスト	アイデンティティ
が開始する	要約する
イーガー	だます
大型トラック	サービスを提供
バッジ	追求する
バージョンの	関わる
トリップ	ガラス
バックは	テーブル
記念日	サイズ

Puzzle 53

懸 海 京 応 ひ お コ せ 然 く エ 再 売 ノ 場
モ 念 コ お で ル 報 無 話 ニ 開 り ー ホ 登
ひ 解 の 安 だ く 方 登 ゃ ん 論 手 ブ 登 無
し ば し ば 、 ウ っ ば あ ち ゃ ん ル ス ハ
ウ サ ギ は ン ォ 加 ハ 愛 ア イ ス レ ン ド
キ ャ ン ディー パ む ぽ 故 ス 京 話 タ ク ノ 権
お ま コ 重 ビ 育 意 辞 狙 動 ヒ ド ネ 妊
論 テ ま 方 イ 適 ヌ だ 登 精 工 ノ 会 然
し か し 、 ロ 快 さ 愚 か な 解 園 歩 ヱ お
で べ 然 応 ッ 狙 つ 圧 せ コ ル 読 リ 圧
出 弱 て 会 ト 承 認 す る 何 ひ ざ ラ 愛 京
も コ 所 ル 嶋 ヌ 妊 チ ぎ 解 っ 故 ラ
投 ト 意 ま ラ 狙 愛 ヌ レ 能 圧 京 京
む し 囚 ゃ 能 愛 テ 応 応 妊 ス ス 京

承認する	ウサギは、
動物園	愚かな
売り手	懸念の
しばしば	アイス
ばあちゃん	しかし、
ドレス	ビーンズ
ハング	ウォン
ハンド	パイロット
キャンディー	快適さ
ノーブル	ネクタイ

Puzzle 54

```
通 ジ く コ ヒ ニ ひ れ 登 デ 準 ぼ ク タ 意
通 ャ つ ヱ ド 進 私 く ュ 備 画 ょ ク シ 歩
チ ッ マ ふ ョ ロ ゅ ル ー す 砂 れ れ ー べ
だ ジ で ひ こ エ ル フ ー る ク ス ス ー や
名 誉 あ こ ひ ル ス せ フ い て っ テ ダ 開
セ 画 る と エ ス 辞 百 プ て れ 嶋 ー イ サ
然 ン 結 投 と 読 無 弱 ル 応 恐 再 ジ パ 解
能 マ ド 贈 ろ ぎ を フォ へ 囚 し 意 ト ス コ
ル ー タ り 加 物 加 れ フォ れ ホ リ 育 だ だ
愛 ュ ー 暫 は の 暫 ム ー つ て ぎ お や ろ
ニ ヒ ブ は、 ドゥ 化 耳 金 ム 応 メ 登 暫 む カ
私 室 ニ ド じ 多 の 室 ふ ホ ディ 辞 乏 百
登 ノ 場 レ セ 妊 通 金 応 メ カ ル ま
開 だ っ じ メ 会 せ 狙 愛 画 ル 結 ホ 場
```

メディカル	名誉あること
ジャッジ	恐れている
ステージ	マッチ
の耳は、	ドロップを
ブドウに	ミール
スパイダー	メドウ
タクシー	ヒューマン
贈り物を	デューティ
センターは	準備する
フォーム	ヘルプフル

Puzzle 55

シ	ウ	ー	ル	の	化	通	笑	も	か	か	わ	ら	ず	も
ゅ	リ	ふ	き	ド	狙	ま	っ	多	画	阪	リ	育	海	カ
ス	阪	ー	所	ノ	っ	ホ	て	は	ろ	ざ	弱	狙	チ	私
っ	登	ニ	ズ	合	精	れ	い	投	求	ど	じ	選	ヌ	私
ド	所	ど	ぼ	開	っ	ま	い	応	じ	め	ラ	加	ぎ	ひ
嶋	ゃ	能	然	ひ	ル	モ	と	砂	会	乏	ま	登	ど	何
っ	摘	会	寛	ク	ふ	化	も	、	ソ	ー	ト	す	の	金
ぎ	ヒ	ヱ	大	所	嶋	し	む	安	ゃ	ゃ	テ	再	よ	ツ
ヱ	ダ	コ	さ	ゃ	通	キ	ュ	ー	ピ	ッ	ド	ハ	う	ソ
私	ク	何	の	刑	務	所	の	ウ	ィ	ッ	シ	ュ	弱	辞
ク	ラ	イ	シ	ス	ー	ソ	リ	進	記	く	ヌ	っ	出	マ
パ	投	ヌ	報	し	狙	話	お	ゃ	事	応	出	化	ざ	タ
金	セ	組	み	立	て	カ	エ	ル	を	き	陪	審	員	ー
ひ	セ	リ	嶋	場	つ	れ	芸	ゃ	ヱ	芸	ざ	弱	話	カ

記事を	組み立て
陪審員	クライシス
刑務所の	どのよう
寛大さの	マター
笑っていいとも	もかかわらず
は求めます	シリーズ
、ソート	ラクダ
ウールの	ウィッシュ
リソース	カエル
パセリ	キューピッド

Puzzle 56

弱	ん	ヱ	妊	楽	ゅ	合	リ	しん	室	日	ハ	摘	ふ
ソ	ひ	弱	意	し	解	しゅ	ボ	ナ	ツ	曜	タ	出	二
ま	ム	ー	ス	む	じ	ど	コ	ル	ぎ	日	ネ	ゅ	ヱ
狙	妊	せ	モ	弱	芸	話	狙	ツ	だ	イ	ズ	ぐ	阪
ひ	っ	応	囚	読	気	結	暫	ニ	写	ラ	ミ	ょ	登
燃	や	さ	れ	配	ク	深	だ	ニ	話	ン	モ	に	妊
む	ム	ー	ス	は	り	刻	ぽ	話	合	エ	通	き	ヱ
ゃ	ー	タ	砂	ク	ク	場	な	パ	ー	モ	ナ	加	ま
ろ	ア	プ	ラ	場	論	論	通	ー	ト	通	安	化	退
写	ん	ャ	ノ	向	覧	ド	じ	ト	ど	ま	ラ	き	精
滅	摘	チ	重	っ	だ	リ	フ	ろ	し	妊	く	セ	画
エ	び	選	ツ	金	蹟	二	阪	弱	合	場	ソ	私	ト
や	だ	る	す	踟	躇	向	画	重	お	じ	ク	応	っ
一	定	の	題	問	ヌ	ぎ	故	百	に	対	す	る	囚

楽しむ

一定の

パートナー

ナイン

フォックス

日曜日

燃やされた

ボルツ

気配り

ムースは

チャプター

ムース

アーム

躊躇する

に対する

深刻な

ハタネズミ

クライ

滅びる

問題の

Puzzle 57

```
ヱ ぐ セ ゅ ど ワ っ 阪 応 方 論 小 完 む っ
ド ン マ ー ウ ク ン リ ド 通 話 摘 麦 全 サ
チ 金 お 登 フ ワ 報 ど ニ だ フ 進 何 の に
ポ リ ス マ ン ク 本 当 に チ ィ 応 話 私 と
ギ ャ ロ ッ プ に 芝 生 を 覧 ー ウ ツ 多 こ
カ ッ ト は 、 ひ 発 明 し 方 ル ィ る 投 い
ん ク 再 何 ヌ 歩 ど 弱 開 登 芸 ッ ュ ル た
ふ レ ろ ろ 投 向 ど 合 金 リ ソ 狙 チ サ る が
ざ 本 ゅ 論 開 育 能 ノ ん リ 私 社 確 投 り
向 画 出 ス 話 カ ッ プ ケ ー キ 立 海 あ
ぎ 話 れ 論 出 進 サ ま だ 重 レ 弱 す ヒ 妊
狙 ニ 海 無 ニ ひ ミ ど 論 だ べ 海 る 覧 摘
セ 側 お ょ ー 社 ッ 阪 れ れ テ じ サ ヌ っ
つ こ れ は ス 通 ト ト 海 私 金 き 所 カ ひ
```

本当に	ありがたいことに
セーフ	ポリスマン
ギャロップに	これは
確立する	芝生を
フィール	サミット
ワクワク	完全に
カットは、	カップケーキ
ニース	ウィッチ
発明し	小麦の
ウーマン	ドリンク

Puzzle 58

```
選 ク シ 安 与 ゃ 写 化 も 解 ょ ぎ っ ベ 愛 で
覧 ャ ン ひ え 歩 所 エ 会 結 ラ 歩 加 モ 無 ア
合 出 グ ヒ た ク 私 ヱ ざ 通 化 京 乏 ク ゅ の
方 ふ 摘 何 だ じ 覧 テ 登 化 乏 本 タ ウ 過 辞
キ 結 方 ニ ほ か に 然 進 乏 チ ェ ブ ウ 半 狙
ャ カ ウ ボ イ チ チ 圧 重 辞 ト ッ ウ ル ゃ 数
ン 登 ヱ ー 向 ト チ 所 嶋 を ム ェ ル タ ひ の
ペ ク 論 論 ツ ぎ ょ 応 を し カ ー 妊 ト リ 金
ー 話 辞 ま モ ょ テ リ を キ ン バ 社 リ ム
再 ク せ テ 権 テ リ 解 読 ス ー セ 画 ォ 進
阪 で 無 お 悲 退 れ 囚 や ロ っ ン フ 進 恵
し ち も 会 劇 進 解 読 て 金 プ も ト 知 ひ
応 ん 無 投 ヒ む 的 レ 囚 ふ 報 ク 恵 ヌ
暫 ざ ド チ ェ ッ ク な 所 だ 報 ク ひ ヌ 金
```

ほかに	リターン
与えた	カウボーイ
ウェット	フォース
チョイス	カスタム
キャンペー	アタッチ
過半数の	ブルームを
チェック	セキュリテ
バスを	悲劇的な
のチェーン	知恵の
プロセス	シング

Puzzle 59

```
ク 無 お 狙 し マ ひ し ド 嶋 も ヌ でん 意 場 て
ア ク タ ー 金 ネ る 選 モ 金 せ 故 嶋 精 っ 向
多 ス だ 辞 ぎ ー ニ テ 金 囚 ふ だ 投 育
見 ふ ろ ホ 話 ス 重 愛 ぽ 現 れ 報 暫 進 リ 応 向 結
つ ラ う お ホ ぼ ラ つ ょ 論 方 テ ク 精 百 て
け 生 き 残 ド 進 写 応 だ ク 罪 嶋 神 会 ク
る ゅ 金 じ ウ 芸 イ マ 出 の 動 乏 多 ひ き
の 登 ゃ 化 ラ ひ ヒ 謝 感 多 論 権 っ 的 妊
む ニ 選 囚 プ ょ 百 を し 加 エ 精 告 妊 ぎ な
マ グ カ ッ 偉 業 を 故 室 重 じ エ 登 化 ひ だ
側 致 命 的 若 向 再 育 囚 だ エ 白 や ソ
っ 室 セ ニ 愛 が 育 や 囚 ト ど だ に 阪
囚 ヱ ま
複 雑 な リ バ ー ス
```

若者が	リバース
プラウド	だろう
生き残る	リアル
偉業を	精神的な
アクター	カニの
マインド	感動を
現れる	謝罪の
見つける	複雑な
致命的	マグカップ
マネー	告白に

Puzzle 60

```
リ デ で 歩 の ょ 驚 ツ ぐ だ ク 芸 テ ト 再
画 ィ ソ し 好 期 き 話 ぎ ま 選 何 ノ 登 ひ
砂 ケ ろ 内 待 の 具 家 選 つ 化 も 覧 重 だ
化 イ 写 部 な す む ド 選 ー ぎ む チ 京 海
っ ニ 阪 の ょ る 引 嶋 も マ 囚 ひ テ 開 ヒ
海 権 応 小 出 投 き ス ッ ト 本 慎 テ ゅ べ
だ 阪 ど シ さ ぎ 出 ク ラ ド は 重 ト つ 報
ヱ 京 場 覧 い し ハ レ せ お に 愛 私 よ
本 ホ 結 ま リ テ お ョ ざ ッ 能 精 選 話 ひ
解 ょ 重 開 ょ ー は ン ま ツ 芸 ポ ン ひ
サ ト ッ 阪 画 モ 重 じ セ ッ 話 イ ヱ 様
方 ホ 論 場 モ 社 ソ 単 ゅ お お 方 客 ヌ
モ 阪 ノ ッ ク 乏 出 ぎ ふ 加 純 加 方 に 選
せ ょ オ ー デ ィ シ ョ ン を 応 に だ 所
```

セット　　　　　　　　　モーテル
引き出し　　　　　　　　小さい
慎重に　　　　　　　　　内部の
単純に　　　　　　　　　お客様
トップ　　　　　　　　　クレヨンは
ノック　　　　　　　　　インポート
家具の　　　　　　　　　期待する
オーディションを　　　　の好きな
驚きの　　　　　　　　　シェル
フォーマットは　　　　　ディケイ

Puzzle 61

```
バ を 失 う 無 自 暫 ぎ ル 開 レ ど ま 囚 重
精 ル ト リ ノ 信 乏 社 エ ょ ジ ど 写 論 だ
ん 方 ー 暫 リ を 卓 電 ま ホ ス カ 応 し 多
も ハ チ ン 故 持 化 れ ょ ト ヌ 京 報 再 砂
暫 だ レ ヌ が っ 最 応 難 し い カ き ま 合
ロ ン グ 嶋 支 て 後 の カ ラ ス 権 ま 通 妊
閉 ぎ 急 げ ！ 配 ラ カ 開 ブ ド 画 ス じ 再
じ っ 読 妊 ぐ ス 的 ス 砂 ラ 私 ス レ ジ ー
込 ナ ツ メ グ ト 室 な ト ザ ク イ ン テ る
め て ん サ だ つ 加 お 何 ー ミ ト ど ひ ト
る ん サ だ 報 カ れ べ ま 論 百 ま ど 読 育
愛 だ お 何 金 ヘ 合 し ト カ エ し 精 っ だ
ディ ッ シ ュ ッ 投 ヒ し ろ ホ 場 っ だ 通 何
何 圧 ヌ む し ジ ヌ 京 化 辞 エ 場 阪 通 何
```

レジスト	ミトン
電卓を	ラスト
バルーンが	リトル
ディッシュ	クレイジー
閉じ込める	急げ！
を失う	ロング
自信を持って	カラス
最後の	ナツメグ
ヘッジ	ブラザー
難しい	支配的な

Puzzle 62

```
百 辞 ヌ 故 ス ガ 成 結 化 ラ 化 ノ た 圧 方 少
惑 コ ろ 選 ク 話 熟 て ざ も と 愛 な く な せ
ハ 星 意 ま 場 話 話 し ひ た 無 さ の 方 話 何
室 示 を エ ル ト セ 圧 ウ 結 き ん プ ょ ス し
示 し 辞 バ リ む 芸 は 結 す る ソ レ 再 モ
ハ 金 場 ノ チ セ コ 、 歩 き ク チ ふ 応
博 物 館 ッ ー チ ン テ じ ト ォ ャ だ き
圧 グ 多 意 百 グ 退 ス ゅ ン リ 再 安 ま
愛 ル ヌ 所 登 コ じ ト ぎ メ フ ふ 芸 ふ
ト ー カ オ ン テ や シ 化 ー ォ だ だ
化 プ ッ ー デ ス ベ ョ タ 摘 安
ト の プ ル ィ ト 食 ン モ 画
砂 暫 ラ 低 ョ や 器 化 ー ー 芸
無 所 エ れ ン 進 だ ヴ 棚 私 応 暫
      カ セ 意 ま む ァ で ま ひ
            ン じ ま 応 セ だ
```

カップルは、	プレス
チームは、	少なくとも
クォーター	より低い
示した	食器棚
モーメント	ブリード
ガチョウ	博物館は
グループの	コンテスト
成熟したする	ヴァン
オーディション	たくさんの
スクールバッグ	惑星を

Puzzle 63

```
化 社 モ ゃ も べ お カ 与 プ リ ティ カ れ
狙 権 ホ プ 無 投 ソ 選 ワ え 圧 ょ っ ど ニ ク
物 語 の れ ロ ヒ 社 コ え ら じ ど ニ 金
通 場 ざ ヱ 影 グ モ ピ ン ク ソ れ て 百 進 ホ
精 側 狙 ま 響 む レ ト ノ 応 ア ウ ト は 会 ハ
阪 ぎ 応 る を 育 囚 妊 ア 常 ニ ク だ 何 登
多 む 報 カ 与 登 尋 ね つ コ が 場 い む
ニ 側 カ 退 え 精 登 て っ ニ せ 登 ふ
化 ヌ カ ひ る 海 再 準 あ 本 再 ！ 何 い
ゅ ひ ウ 弱 よ こ だ 備 り 会 場 い む ド
登 ヌ ン 弱 ヌ 何 が ウ 契 向 来 応 セ む
ふ 投 ト ラ ッ シ ュ で ォ 向 約 選 像 画 ろ ど
バ ナ ナ ぽ ト 投 登 き ッ ま の 像 海 能
も チ 投 ス だ 場 百 て ュ だ チ 海 能 ろ ど
```

与えられた	準備ができて
画像の	通常は
影響を与える	尋ねる
カワウソ	プログレス
プリティ	契約の
バナナ	アウト
カウント	ラッシュ
ピンク	ひよこ
物語の	ウォッシュ
ありがとう！	来い！

Puzzle 64

```
、 カ 乏 お 暫 辞 モ ニ 何 ニ 感 応 ベ ク 社 弱
以 進 や れ ま ゅ ヒ で 投 百 じ 登 ぎ 考 と ろ
前 フ 円 ま ド 論 ミ 登 加 出 ト る え こ 方 エ
の 形 阪 所 ょ 再 リ 狙 無 ぎ ゥ い ブ ロ 報 ニ
く ル だ ど 歩 場 オ 意 壮 妊 ル て ロ ッ ク ホ
ヒ 場 ゃ ま だ ス ン サ で 大 ー 覚 ッ ク の 写
精 ま 向 ク 暫 然 だ け っ は ス え ク よ な ス
ス 芸 覧 ラ 先 ふ む リ サ 膚 や う ド ろ ロ 嶋
お 問 合 せ セ む ス ヒ 報 皮 ノ 安 辞 ド な
権 だ じ だ 辞 セ フ 芸 方 チ ア 辞 ホ ビ ロ
所 写 阪 よ ど 辞 ェ て 開 し エ ょ 多 ン ビ
ひ ぼ 報 む り ど ン 選 エ ド ク 多 レ ス ン
安 ド 芸 て 本 画 ス ゃ ク エ ス プ ン 化 ス
弱 応 精 写 ざ ニ い な い て 場 化 芸 嶋
```

のような	スクエア
エクスプレ	より良い
フィード	円形の
ブロックの	覚えている
皮膚は	壮大な
フェンス	トゥルース
ていない	お問合せ先
、以前の	ロビンス
考える	ミリオン
感じること	だけでは

Puzzle 65

リ む ま 意 ホ チ コ 登 ゃ む ろ エ 本 再 セ
く く タ ホ 側 通 加 だ ヌ 精 れ プ キ 京 ソ
化 し だ オ ぎ 所 ぐ ホ レ で ロ も ウ 海 ハ
ラ イ タ ー ル 摘 ワ 故 適 ヒ ン ヱ 室 ま イ
圧 芸 ド ハ ヒ ン ダ 証 用 摘 妊 フ つ 写 無
ざ 画 安 っ ざ ー ご 暫 す 乏 報 ト 出 れ れ
謙 虚 な 暫 サ ぞ い 明 る ざ 乏 出 む 化 進
方 側 圧 ！ ぞ ） ん す 妊 る 加 キ ー む ぐ
蟻 嶋 再 あ エ ル フ の リ ヱ ぼ ャ ズ 論 合
選 だ 安 ヌ な つ 所 意 場 っ ク ッ ラ イ ラ
歩 愛 ふ で ぽ た 場 退 む 読 れ ト イ 応 ぐ
ス ロ ビ ン ス は 、 の ち た 何 ざ ド チ て せ
ビ ー イ ン グ チ ュ ー リ ッ プ ン キ ク ン 能 ょ

約束は	あなたの
タオル	フラワーズ
蟻（アリ）	チューリップ
キャットキン	謙虚な
適用する	たちの
ワンダー	すごいぞ！
ロビンスは、	エプロン
ビーイング	キウイ
ライラック	証明する
ライター	エルフの

Puzzle 66

```
く 育 チ 乏 ト む が ょ ヌ 安 だ 安 ま 写 出
写 ざ 論 阪 サ 場 数 投 オ 何 妊 重 百 の イ
ヤ 妊 る 然 ハ ひ 、 ツ ン テ プ の バ 登 ん
故 ー ょ 育 イ ぎ も リ ナ ー オ ー だ 投 イ
弱 も ド 暫 ラ 芸 り ー シ オ ー 歩 精 や 登
ヌ 登 チ の イ し ラ ト ス ス 安 ト や べ 投
安 チ は エ ト フ 読 っ ソ る ひ リ 本 お べ
カ ッ プ い や モ ぎ ソ 狙 ツ む 一 圧 ば お
れ リ 狙 っ 。 ク 何 デ 金 ス 妊 芸 カ あ ば
応 百 退 登 き シ 無 開 応 ヱ 論 合 フ さ あ
応 カ 方 む ョ ン 然 ん チ ド 平 カ ェ ん さ
つ セ で 会 選 き 囚 チ 金 私 圧 ら イ ツ ん
ニ 弱 コ 退 意 ヒ 百 応 私 ぼ サ 応 ツ ス 妊
チ 本 応 ヌ き ニ 囚 ゃ コ れ れ
```

ソース	モデル
ストーリー	平らな
ツリー	オートバイ
ストーン	、数が
しようとする	リッチ
フェイス	カップ
シナリオ	はい。
おばあさん	テープの
ヤードの	ハイライト
フィクション	よりも、

Puzzle 67

```
摘 論 結 投 ソ ド も 狙 内 京 場 ト ソ 場 加
き 本 合 の よ う に の 部 の 府 政 ヌ 話 だ
は ひ 狙 、 ど ち ら も を 注 ビ 京 何 じ 応
応 費 ょ ニ 場 カ つ の 意 目 タ 精 場 ニ 京
エ 阪 や ぎ カ 歩 や ら ル 嶋 ミ 乏 金 海 ハ
化 ク れ し 暫 意 っ 彼 投 お ン 話 再 退 セ
だ ー す で て ざ 何 重 選 所 類 モ ラ サ 百
エ ト 論 テ ざ 投 写 精 ど れ 合 イ 進 ド 選
メ ディ ア き 弱 何 嶋 退 故 辞 る じ り イ だ
何 ィ ア 圧 出 ク だ 私 い で な 嶋 チ ゃ
せ 間 き 登 読 だ 場 金 も き 多 リ ト だ
報 違 れ メ 重 読 登 じ も な 妊 ト 登
リ っ い 登 ッ 場 私 も モ 用 ソ く
も た メ セ ど 金 じ セ 利 フ 砂
暫 ゅ 退 ッ 重 嶋 ホ 登 多 ト ぎ
```

いきなり	彼らのもの
ソフト	の注目
エクステ	モラル
のように	メッセージ
トーク	政府の
ドライ	間違った
メディア	内部を
チャイルド	、どちらも
きれい	利用できる
は費やして	ビタミン類

Puzzle 68

```
エ メ ン チ 社 室 故 ゅ 定 室 ふ 登 技 ツ ひ
ス ト ー ピ リ ハ ニ 金 義 ゅ べ ゃ 術 愛 テ
ケ ン ル ル ト ヌ 芸 再 し ク ト 弱 の 室 る
ー レ バ 囚 く モ っ 向 重 ふ き 阪 写 ろ も
プ タ っ 愛 会 海 教 え ら れ た 乏 側 サ コ
ド 室 登 セ 写 ひ ょ ノ 成 し エ 何 会 折 ス
面 白 い 。 ょ ぽ 所 ク 引 軽 モ 遂 る り エ
化 通 ぎ 海 ど 重 ト ッ カ 自 し げ た ん
嶋 囚 ょ 臆 責 砂 ヱ 引 ニ 動 レ 能 み べ
妊 セ ん 病 任 ょ 報 分 博 だ 登 ぼ 私 嶋
開 ぎ ト 者 を ゅ 重 け ぼ レ ぼ イ
登 写 場 何 負 重 選 グ ひ ス
ニ 京 チ 何 ぼ ニ ホ 多 覧 安 館 チ ェ ト
ル ツ ド 出 き ヌ で 安 向 百 エ テ ト ヌ ょ
```

折りたたみ	教えられた
バルーン	グレープ
責任を負う	定義し
引き分け	リピート
面白い。	メール
チェイス	エスケープ
博物館	成し遂げる
クッカー	軽自動車
タレント	労働者
技術の	臆病者

Puzzle 69

登	ピ	狙	ニ	っ	無	画	だ	レ	ぼ	も	シ	ヱ	意	何
話	テ	ッ	ファ	ー	ス	ト	嶋	ヌ	ら	ャ	暫	ょ	っ	
ヒ	テ	化	キ	サ	ッ	カ	ー	の	話	い	ド	テ	選	ま
私	解	阪	ス	ン	レ	イ	サ	エ	ま	ウ	囚	方	完	
る	カ	跳	ベ	！	グ	ろ	京	正	す	読	会	璧	だ	応
解	本	暫	化	方	安	結	ゅ	式	出	応	し	会	！	ツ
な	が	ら	ツ	れ	そ	警	ま	に	ム	ー	ゲ	ぼ	然	
や	確	ぼ	方	暫	向	察	は	ゃ	せ	画	ぼ	る	茹	
精	論	明	危	機	は	る	辞	は	達	さ	れ	る	ジ	ェ
応	ト	圧	セ	ヌ	れ	る	エ	退	リ	エ	ン	ニ	ク	
ホ	圧	ヒ	か	れ	ぎ	ま	出	ひ	ニ	私	ゃ	精		
ま	金	砂	な	辞	重	ま	向	然	登	ク	モ	場	育	で
結	せ	向	り	だ	結	看	護	師	妊	ル	リ	精	よ	阪
通	ノ	私	て	本	権	ひ	く	れ	室	ル	阪	妊		

完璧だ！	シャドウ
エンジェル	警察は
看護師	ゲームに
サイレンス	茹でる
ピッキング	正式には
それから	もらいます
危機は	跳べ！
かなり	ながら
達される	サッカーの
ファースト	明確な

Puzzle 70

```
意 ノ サ ど 避 ニ も ひ で 安 ク ト ク ふ 京
場 る 私 く ソ け ホ 室 場 歩 能 嶋 マ 本 向
少 年 の れ 権 話 る り ん シ ネ ー ジ 出 話
ひ ヌ 閉 ル 摘 じ ズ ひ ダ 側 ー ス ャ 合 妊
ま ヱ 話 ヱ じ る て ー シ 投 ジ ア 権 場 サ
わ 妊 圧 ヱ 百 だ ヱ ト シ 報 ャ む ソ セ フ
り 摘 画 圧 だ サ 階 ニ ャ 権 室 砂 多 ア 海
チ だ 再 妊 覧 ひ ヌ 乏 キ 室 二 輝 砂 ロ 投
妊 ひ ク 無 サ 読 百 ま ー 私 社 き 登 コ コ
応 通 無 ヌ 加 ひ ょ 狙 タ 私 退 を ス ダ お
コ 重 モ 出 セ 読 ふ む っ 社 者 チ テ イ 退
も 向 精 ゅ 然 選 カ 愚 か 退 者 ド レ ル ゅ
コ レ ク シ ョ ン は ワ ー ル ド ド レ イ ク
ホ ス 育 意 育 エ ベ 精 ひ つ 登 ひ 会 阪 金
```

タッチ	避ける
クラウド	コレクションは
テスト	階下には
少年の	シャキー
リーダー	ひまわり
輝きを	クロコダイル
マネージャ	愚か者
閉じる	シリーズは
ワールド	サクセス
フロア	ドレイク

Puzzle 71

肌 投 必 弱 じ モ ス 結 囚 ヌ お 呼 ク 方 暫
寒 ひ 要 つ だ 登 ひ 意 ひ ソ び ひ ホ 画 登
い ろ が ツ リ 何 然 所 ン 木 ひ 出 囚 お 芸
は む あ ヌ 能 ザ 意 ワ イ ド 々 し む 二 れ
モ ト り 重 ホ ド ー ょ テ 登 リ が ゃ 多 ラ
チ 退 ま 論 砂 ス ジ ブ ス ト 芸 二 エ モ ふ
向 報 す ぎ エ リ イ 意 サ ク ジ ラ 意 ス ゅ
ぼ 結 ヌ ソ 登 ヒ デ つ を お ス 登 加 ぐ 本
化 私 婚 会 投 す 所 チ 避 や 進 き 登 も ツ
所 読 チ 式 く べ る る け 何 応 見 積 ゃ り
進 論 歩 読 の て サ イ ク リ ン グ 失 ハ
キ ャ プ チ ャ ふ 圧 プ ロ の 形 角 三 っ ト
ハ 故 摘 し ぎ 然 方 む お 当 事 者 が た ょ
リ ま 阪 海 ん 報 ヌ 二 弱 ヌ レ 朝 ご は ん

を避け	結婚式の
三角形の	当事者が
サステイン	サイクリング
木々が	必要があります
リザーブ	ワイド
キャプチャ	朝ごはん
見積もり	クジラ
プロの	失った
すべて	肌寒いは
呼び出し	デイジー

Puzzle 72

```
歩 き 場 ハ 出 し っ 重 お ラ 事 ヌ 摘 ょ ツ
ょ 狙 ホ 選 ふ お 結 チ 応 ン 件 合 っ お ツ
ニ 負 退 退 ム 精 ひ ョ 無 ド を 子 菓 選 ー
キ 愛 け ム ー ビ ー コ 意 リ シ キ レ 物 ル
権 ャ 狙 る フ 京 側 ぐ 味 ー ナ ャ 場 理 応
重 ぐ ビ ニ ォ 劇 場 を な カ モ リ 話 的 通
育 ぎ 砂 テ フ ど こ で も ー ン ア 弱 な 狙
ヌ レ る 金 ィ ラ 摘 覧 ク ワ 場 て て 室 私
セ セ だ で ラ ウ 報 囚 精 マ き ー カ 室 ま
リ ン 合 ホ ノ ダ 囚 だ む せ 囚 辞 ゲ ビ ひ
弱 開 ス 化 ー ヒ 圧 で 囚 多 ス ナ 選 再 再
ソ ヒ 私 海 読 ー 無 ハ 出 海 側 ろ 囚 再 ヌ
論 出 ク レ 妊 何 れ ヌ 場 辞 ろ 弱 再 て ヌ
つ ひ 妊 暫 む ぽ 精 圧 通 ヒ し だ 弱 て ヌ
```

キャリア	事件を
センス	お菓子を
チョコ	ナビゲート
物理的な	劇場を
ツール	マスター
シナモン	キャビティ
ラウダー	リフォーム
ワーカー	ランドリー
無意味な	どこでも
ムービー	負ける

Puzzle 73

```
ふ ト ス ソ 所 た ら 、 で だ 向 ふ 私 欲 ゅ
摘 論 コ だ セ い し 忙 毎 年 恒 例 の し モ
れ 京 ア 提 出 は ぼ 適 ツ 故 海 ハ 一 い 応
結 安 だ て 通 論 つ リ 暫 チ れ ヌ 同 む ル
報 政 む 嶋 ン 側 社 ラ 辞 ゅ 故 退 弱 出
投 し 治 ヱ イ 弱 ク チ だ ぎ ハ ひ じ ド
む 辞 ト を レ せ ヒ お 本 や や 覧 合 て ひ
リ ス ペ ク ト ツ れ れ ド エ 極 所 権 ド む
ょ 合 京 写 ラ 摘 話 つ れ ク め き く ひ 向
ょ き 圧 方 海 乏 ボ 重 精 安 て の が 場 歩
カ テ 乏 ひ 側 お ン イ シ ホ 結 辞 心 然
ょ お ゴ 場 ま 母 ト ャ ピ ル 遊 び 向 阪
お お ニ リ ク さ 海 ロ ん 嶋 む ま 心 砂
む ニ ツ 通 解 一 ん さ 父 お 画 登 せ ん ま ひ
論 ツ 通 解 ー ん さ 父 お 画 登 せ ん ま ひ
```

同一の　　　　　シャイン
ものが　　　　　たら、
適した　　　　　トロピカル
お父さん　　　　リスペクト
お母さん　　　　提出は
トンボ　　　　　毎年恒例の
カテゴリー　　　忙しい
トレイン　　　　遊び心
政治を　　　　　極めて
欲しい　　　　　スコア

プ シ ビ 懸 参 照 し 弱 作 ん エ 嶋 ス レ ク
レ ョ ー 念 リ ー ガ ル 意 サ だ ノ セ ワ 歩
シ ッ ト 事 会 ニ 日 画 読 ヒ ム ー 囚 フ 開
ャ プ べ 項 ク セ 開 時 画 囚 ん レ で ケ 催
ス モ で 画 ハ ク ク 計 ア 進 ス キ ケ さ れ
過 て ク ど サ サ だ ひ イ 話 コ ス セ ょ た
ご ぎ 愛 ち 安 ミ ぼ 覧 リ 合 注 場 る 話 登
す ツ 重 ら 重 セ を 注 ス 意 意 深 い ぬ べ
側 ま 阪 か ぎ 何 会 意 社 ニ 深 方 話 れ し
せ ゃ ぽ ょ 精 側 ま 社 く ヌ せ 話 ぼ 無
進 ヒ ひ す う く い 権 摘 セ 開 然 ト 育 ク
ふ 囚 ス ひ し 選 権 っ ニ 話 育 圧 リ
ぼ だ れ む 覧 テ リ 投 室 モ 砂 ル 圧 芸
カ ん 百 選 百 だ 芸 投 室 モ 砂 ル 圧 芸

どちらか	うまくいく
懸念事項	スノーフレーク
リーガル	ショップ
アイリス	過ごす
作られた	プレシャス
注意深い	ハサミを
参照し	ワーム
開催された	クレス
ビート	ココア
日時計	ケーキ

Puzzle 75

って 権 弱 側 登 コ や 海 百 せ サ ま 話 進
る コ 育 応 室 洋 リ ベ つ く ニ 精 ひ 精
精 囚 だ 暫 合 食 ア ホ タ 百 れ 画 応 然
ウ 非 表 示 の 洋 ラ 見 つ る お 故 ょ ひ
ぎ ォ 圧 ヌ 食 イ れ ク め ホ 知 能 ょ 結
だ ぎ ッ ソ レ 側 ズ リ も べ ら 進 室 選
進 ょ ソ チ ク る の 歩 中 ら 進 聞 狙 ぼ
シ ッ ク ス ン ズ リ 故 を ヘ ラ ジ カ ク
む モ ヱ 精 ぽ グ セ ヱ に ヌ や だ や ラ
狙 多 テ モ 百 ス 安 ひ 砂 所 さ っ カ 圧
金 選 圧 ニ ト ぼ 愛 応 き も で れ ー 妊
精 ラ セ ン タ ー ま 場 ル 化 ソ だ ト ぼ
何 サ 場 ス 室 ょ ュ ホ だ 社 く 阪 解 ふ
価 値 が あ る エ ル シ ハ ショ ー ト っ ょ

クレスの	されて
シックス	見つめる
プリズン	ショート
ハート	ヘラジカ
ウォッチング	だれでも
洋食-洋食	聞かせて
リアライズの	中止をに
価値がある	シュート
ホタル	センター
お知らせ	非表示の

Puzzle 76

無 登 じ だ べ 側 む ツ 場 ふ ラ を 除 い て
リ サ ー チ 話 ホ 歩 れ ん お ヒ ズ ょ 故 じ リ
テ ょ ん 歩 て 然 芸 ラ ト サ 応 か ガ リ エ 摘
ン ぼ フ レ ン ド ま ト 最 て ひ や ど 選 重 ヌ
イ 愛 ス ス マ ー ト ふ 終 ち ょ う 権 砂 所 所
シ ニ ア ピ ひ だ 登 ヱ 的 覧 金 無 リ ル ろ 芸
ク 本 エ 重 ー 論 に チ に 乏 セ 砂 加 方 通 ょ
ひ お だ 多 砂 ぎ ト ノ る ソ ホ リ コ テ 食 ゅ 合 海
場 狙 辞 砂 結 ト ノ ょ カ ー の ダ は い 、 チ ー ズ 。
車 危 険 な ゅ 場 ニ モ エ ヌ ダ は い 、 チ ー ズ 圧 応 ひ
両 ひ 話 ゅ 結 場 ニ モ 暫 歯 磨 き 粉 ル 狙 む る 読 百 重
は ー タ せ ハ ニ 暫 歯 磨 せ 写 芸 ょ む る 読 百
、 レ 所 本 嶋 モ 登 せ 写 芸
合 所 本 嶋 モ 登

ちょうど　　　　　　フレンド
ソーダ　　　　　　　車両は、
インテリ　　　　　　危険な
の夕食　　　　　　　ラズベリー
リサーチ　　　　　　どこか
はい、チーズ。　　　最終的に
スピーチ　　　　　　になる
歯磨き粉　　　　　　を除いて
スマート　　　　　　モニターは
ヒキガエル　　　　　シニア

Puzzle 77

```
テ 弱 投 ツ ぼ む 圧 阪 ノ ヌ 圧 応 画 マ ふ
圧 く ぎ 乏 側 圧 だ 故 社 嶋 摘 重 妊 ス ク
百 囚 海 ぽ 側 狙 モ 選 再 ょ む ま 話 ク 圧
愛 暫 だ 社 ラ し 解 ぎ つ 育 ベ ト ニ ー ト
そ の よ う な 通 育 ス ラ ウ リ サ ー ひ 社
妊 ソ 覧 暫 無 ブ チ レ 会 ン ク ー ク ッ ま
パ ブ リ ッ ク セ む だ る ド ダ ト 野 ト 阪
ヌ モ ハ リ ケ ー ン リ 発 ニ 報 進 球 意 能
ざ ニ ャ 覆 開 ぽ ゃ 達 社 ろ む 球 社 向 芸
ホ コ 話 ん わ 応 妊 を 阪 ホ 報 の 向 圧 場
通 安 ル ぎ れ 百 ょ 書 き 込 み 何 圧 ヌ 百
ム ー ン 場 る ゅ ー ニ ファ イ ナ ル ヌ ホ ク
ぎ 故 ツ 精 、 は ス ン ケ ー シ 砂 方 ホ 化
リ 写 ハ 方 ス カ 報 グ ソ ぎ ぽ 場 出 ト サ
```

そのような	ラウンド
セブン	発達を
シーケンスは、	マスク
ダンス	ハリケーン
覆われる	野球の
ニート	モダン
書き込み	ムーン
ハット	ファイナル
モーニング	ランチ
トリート	パブリック

Puzzle 78

ラっカ歩んカだツスょ場合ぎひラ
ゴールーォウ退だノ優トゥエルブ
解ニホ囚ォドイボのーしそこに進っ
海ポしかしノイズボいス弱然ラ場ツ
摘狙多目トジ論私ーひキ投能ホツ
エゅひに見ン狙退ル再リ然化ぎ社
スるざ見トジイベードおン乏エひ
京オっえーャベヌレぎツ阪阪ド
ひフだるドーし育、優れた京や
つィつ読エ側スふひ画コ選お圧ト
囚ス天使のル会嶋ヱょ側化るざざ
ヌつスチ覧どひ生砂ト権狙京どっ
嶋覧画暫摘っ圧息所ニ登再圧もひ
ツ金リラヒト覧乏解地覧ひ何通ん

、優れた	ジンジャー
ウォール	生息地
ノイズ	スノーボール
のボイド	優しい
トレード	目に見える
オフィス	インベード
しかし	カード
天使の	キリン
ポニー	トゥエルブ
そこに	ゴール

Puzzle 79

ア	や	私	囚	情	傷	海	本	ス	ひ	せ	登	む	フ	ク
ひ	ナ	そ	れ	報	つ	お	合	再	側	進	チ	ァ	ロ
通	再	グ	せ	ら	ぽ	は	能	む	エ	通	不	イ	ッ
ふ	向	多	マ	ま	と	れ	る	乏	っ	砂	適	ン	カ
ぼ	て	ろ	ソ	シ	思	つ	き	ま	す	切	カ	ス
オ	コ	ジ	ャ	イ	っ	せ	金	の	代	わ	り	に
結	精	ゃ	摘	砂	た	パ	ふ	論	退	乏	ろ	投	歩	妊
ル	ー	ュ	ジ	ケ	ス	イ	レ	スィ	ぽ	デ	何	ヌ	ぽ
応	百	ド	ラ	ゴ	ン	ン	ラ	嶋	絶	ぽ	ツ	セ	チ
ま	れ	ま	カ	ク	ク	方	ど	滅	じ	ニ	登	ハ	私
ま	化	写	側	ょ	開	べ	場	報	寸	レ	ょ	安	多
写	シ	ュ	ル	ー	歩	も	百	レ	前	ぽ	ニ	京	で	む
れ	海	ラ	京	退	結	れ	ト	ッ	ミ	リ	嶋	ヱ	エ	コ
権	ツ	ホ	ツ	加	側	会	囚	ド	所	話	会	ク	登	所

スケジュール	リミット
の代わりに	傷つける
情報は	シュルー
クロッカス	レッド
ファイン	つつきます
パイン	ドラゴン
ディスプレイス	不適切
絶滅寸前	オコジョ
それら	と思った
アナグマ	シャイ

Puzzle 80

だ 金 嶋 無 安 化 正 ひ む 解 れ ヒ 所 そ ヌ
ス 結 選 金 進 ょ 確 場 ボ テ 会 何 写 の ふ
育 ポ ク レ ヨ な カ ロ 成 熟 した 愛 た 他 テ
ふ 写 ッ 摘 ン の ま ー コ 作 開 あ ひ 海
ど モ ノ ト 立 メ ッ ミ コ ら 圧 な た ま
ふ ホ っ ク 投 ち 上 が り れ や 自 ど 安
百 ニ 暫 ど ヌ 閉 無 狙 チ せ る 身 ひ 何
歩 歩 で 会 し くじ 京 ま ソ ぎ ょ 登
代 替 を 室 ニ ハ ラ 込 ぼ 本 の 室 摘
レ ト ト 弱 ぎ ヌ 京 社 嶋 め る 夜 妊 カ
れ 出 サ 圧 き ベ 社 レ る る ム つ ミ 取
登 本 し 私 カ レ ひ ス っ の き 今 る
信 頼 で 意 解 合 暫 を 場 ぽ 再 こ
ハ 合 ひ 場 投 ソ 辞 社 進 息 解 に っ 加 と

クレヨン	あなた自身
成熟した	その他
信頼できる	今夜の
息をする	代替を
スポット	立ち上がり
取ること	コミットメント
閉じ込めるの	正確な
ボロー	やるグラム
ミイラ	作られ
すでに	動物の

Puzzle 81

方	ト	シ	ラ	ル	ひ	れ	っ	芸	ル	む	側	覧	覧	乏
何	ニ	ェ	ま	ろ	ょ	ホ	ヌ	ヌ	ド	再	弱	で	加	ぐ
ょ	所	ー	れ	て	会	で	ぎ	監	視	さ	れ	小	た	だ
ダ	ス	ド	し	モ	チ	ベ	ー	シ	ョ	ン	は	論	れ	ぎ
ス	タ	論	む	て	場	チ	辞	結	せ	バ	ハ	ぐ	麦	粉
テ	ー	話	ひ	育	ぼ	囚	社	登	ス	ヌ	進	金	急	急
ィ	ト	ぐ	嶋	能	退	ぼ	ま	だ	ケ	何	育	リ	弱	い
私	精	シ	退	ヒ	画	出	海	ッ	ス	ニ	弱	き	で
フ	ラ	イ	ン	グ	自	ぎ	妊	登	サ	ト	レ	合	ヒ	ん
精	ズ	圧	応	ニ	ラ	分	意	開	ウ	ボ	暫	向	何	選
所	ウ	さ	れ	て	い	る	自	だ	ン	ー	ト	選	読
ツ	ベ	チ	摘	ト	て	れ	話	身	ド	ル	所	報	ょ	ぽ
場	ゅ	じ	ひ	デ	ィ	プ	ロ	マ	を	が	無	コ	歩	ド
ん	話	私	権	応	ハ	砂	べ	家	族	を	ボ	ー	ダ	ー

ダスティ	読んで
スタート	ウズラ
ディプロマ	サウンド
監視された	家族を
小麦粉	ハンドル
自分自身を	シェード
されている	ボーダー
恐れて	フライング
バスケットボールが	シーズン
モチベーションは	急いで

Puzzle 82

```
歩 ト べ ゅ ぎ オ ぽ 読 ざ 唐 ヒ ミ も ス せ
コ 然 嶋 京 ろ 幸 ー 出 で 辛 べ ッ ぼ 写 会
歩 ょ ぐ ぎ せ を 選 だ 子 然 ク 登 レ 論 結
レ 出 応 覧 芸 権 バ ー 百 京 ス 苦 ニ せ 安
ヱ 故 話 ラ 側 ク ラ ス は 本 ぐ し 論 ニ ル
ベ ニ し れ ロ ッ ト ー べ 悲 芸 む 海 ト ー
ひ っ 所 解 ハ 出 海 べ 化 惨 っ 選 覧 進 ル
ド 化 だ ぐ 重 ン 周 囲 の 約 な 妊 選 む し
ホ 方 化 選 然 金 バ ブ 能 条 て 海 合 私 ホ
泣 話 テ 覧 と 金 選 ー 約 ヒ 側 選 セ 出 ょ
い ぐ す う も じ カ ロ 条 し ツ 合 く ヱ ふ
た チ 百 ょ か 弱 能 グ グ 社 出 読 嶋 結
ひ だ お ヌ く 傾 向 向 ひ ニ れ 安 覧
笑 い の 性 男 ざ 多 き 場 京 ヒ 安 覧 結 ふ
```

笑いの	苦しむ
オーバー	ベース
唐辛子	グローブ
ハンバーグ	周囲の
クラスは	幸せを
ともかく	ルール
もうすぐ	ロット
ミックス	泣いた
傾向がある	男性の
条約の	悲惨な

Puzzle 83

ス	ぽ	読	ズ	イ	ラ	プ	サ	エ	ン	ド	ウ	豆	を	ワ
ン	タ	ポ	ン	ド	ン	む	合	ろ	ル	き	シ	私	愛	イ
ポ	重	ッ	ト	ど	だ	チ	ゅ	暫	む	室	ャ	ル	報	ス	ル
ス	し	出	フ	親	報	エ	の	じ	開	ル	ー	ク	ス	ド
レ	ぐ	ニ	金	然	愛	ぼ	人	し	き	ー	プ	側	退	ぎ
権	る	多	れ	化	ぎ	な	万	む	じ	ド	ナ	も	つ	れ
チ	方	お	私	京	ひ	側	る	私	多	っ	ー	ろ	も	ぼ
退	き	砂	サ	暫	ぽ	レ	む	ょ	囚	京	リ	ぽ	ヒ	登
能	所	ひ	ー	レ	コ	ー	ド	写	ま	金	バ	サ	辞	ょ
応	安	テ	テ	大	海	ヒ	然	論	通	ウ	カ	リ	話	化
京	カ	む	ィ	き	ぽ	方	ひ	ヒ	会	ィ	リ	ニ	ひ	ノ
き	っ	スー		い	嶋	狙	っ	ふ	スル	ホ	例	て	乏
然	出	投	だ	て	登	妊	ヱ	れ	べ	芸	レ	え	通	て
兵	士	の	ル	ハ	選	化	む	べ	多	芸	つ	ば	ゃ	嶋

レコード	万人の
インチの	例えば
もつれ	エンドウ豆を
ワイルド	ウィル
ドール	大きい
リカバリー	兵士の
レスポンス	サプライズ
ポンド	スクール
サーティー	スタッフ
シャープナー	親愛なる

Puzzle 84

```
ビ 会 ん 退 育 ま ツ 社 マ 進 写 ト 再 や ド
ジ お 場 も 報 ヌ 向 ラ イ ケ ル ル 愛 嶋 食
ネ せ る ぐ ぽ 側 グ ひ 芸 ル ド ー レ 嶋 べ
ス ニ っ 摘 海 報 ソ ジ す み 切 フ ワ ズ な
の ソ 読 金 報 カ ラ キ み 横 っ ワ イ 、 さ
ニ て 開 話 サ ク ブ ッ 結 切 て モ 結 原 い
ビ ぽ ゅ 選 を ギ の ト メ 開 モ ナ ょ 子 ！
ッ る 何 会 べ ぐ 報 ス ム 妊 再 ー ヱ オ お
ト っ 私 登 安 チ 側 プ シ 精 故 ぎ 話 愛 室
つ ソ 意 ブ ハ ヌ 退 ょ 弱 方 お ハ 安 コ る
ア ン ブ レ ラ ヱ テ ん 化 愛 ク 安 芸 登 登
乏 ぎ 与 ッ っ ノ じ ざ ル っ チ 登 だ
エ 所 え 何 会 ひ レ 辞 愛 テ ヒ せ
ベ 能 る け 続 モ ク 辞 て
```

アンブレラ	マイル
オーナー	続ける
与える	ビジネスの
チップ	すみれ
ウサギを	クレードル
食べなさい！	、原子
横切って	ワイズ
ジョイフル	ストッキング
ビット	ケトル
モーメントの	カブトムシ

然	ス	重	る	ク	ス	レ	ッ	ジ	交	ヱ	進	加	ヌ	芸
だ	ど	ノ	お	通	ク	意	っ	シ	て	渉	芸	ょ	エ	通
阪	ヌ	報	ー	弱	私	っ	ア	テ	ざ	す	ヱ	ヒ	ざ	ヒ
致	命	的	な	ド	で	も	ド	タ	進	っ	歩	申	私	ど
ヱ	無	ヱ	ろ	ド	ロ	登	ー	サ	ン	重	し	明	ぐ	ぎ
ポ	レ	キ	ャ	ッ	ト	ッ	カ	れ	プ	弱	訳	説	む	ぽ
ペ	ニ	ー	圧	レ	芸	権	ま	プ	に	ヒ	あ	ロ	ス	場
チ	ニ	ト	退	プ	ヒ	ヌ	つ	安	ひ	出	り	ン	カ	ス
ス	向	セ	き	ス	登	ク	圧	ぎ	室	急	ま	リ	ー	進
ま	場	側	意	摘	京	百	カ	権	合	速	リ	ー	ト	登
安	愛	吸	プ	レ	ゼ	ン	ト	加	合	速	せ	ー	ト	だ
海	合	場	血	ア	ド	レ	ス	リ	ハ	に	ん	レ	ス	ク
会	金	阪	私	鬼	ガ	イ	ド	ラ	イ	通	が	向	化	ゃ
多	せ	ボ	ウ	ル	の	論	議	通	ぼ	テ	向	妊	チ	カ

スノードロップに	アドレス
吸血鬼の	スカート
致命的な	スレッジ
ガイドライ	スプレッド
議論の	申し訳ありませんが
ペニー	交渉する
ボウル	シアター
ロンリー	説明する
急速に	プレゼント
ポレキャット	サンプ

Puzzle 86

```
芸 多 適 砂 カ お 画 ヌ ヌ タ ス ク 無 ブ 迅
ひ だ フ 切 も ー タ ン エ だ っ 写 狙 レ 速
ど ハ ァ 投 な 社 ド ホ レ し 芸 テ イ な
知 ト ク タ ン コ だ マ ス だ 膝 る イ ク く
っ 場 タ 読 書 感 想 文 ッ 場 ひ む ル ビ
て 歩 ー 会 じ ヒ 方 イ レ ひ 狙 読 ッ ョ
い 写 ハ 故 ク だ 故 加 応 合 ざ 社 シ ン
る 天 塗 お だ レ 話 や 開 セ 通 位 弱 ホ
通 国 り 郵 ノ ざ 摘 ホ 化 退 ひ 相 ド
ひ を っ 便 解 好 奇 心 ひ 結 社 加 解 本 も
ど 読 ぶ 配 ニ 解 む ラ お 私 砂 登 結 室 歩
お カ し 達 自 然 の 能 し だ 方 解 レ ふ 室
方 っ 進 人 摘 ょ 狙 場 ル ょ ん ま 加 登 リ
砂 開 退 ド 意 百 砂 ヌ 画 サ 解 方 ス モ 方
```

エンター	カードマップ
タスク	塗りつぶし
好奇心	読書感想文
知っている	天国を
適切な	膝(ひざ)
コンタクト	プレイ
位相が	ビヨンド
郵便配達人	自然の
ファクター	ブレイク
迅速な	シック

Puzzle 87

```
れ せ 暫 て 精 せ 登 だ 話 方 ル ヌ 意 ス 弱
異 、 プ ロ ジ ェ ク ト の 重 買 ノ ひ チ 安
種 砂 百 れ 所 ま だ れ ス 要 囚 権 に 然 精
混 セ パ レ ー ト 圧 ま 安 な セ 百 モ 乏 嶋
合 か 嶋 振 る 舞 う 乏 ょ ど モ 画 ニ 海 や
ま 愛 も り 能 辞 ヌ 本 ぐ お 能 ヌ 歩 開 ぐ
ク 然 加 し 製 造 の 草 ん れ ほ ソ モ ざ ぼ
く カ 実 っ れ 側 ニ ま 故 登 ど モ ル き れ
応 通 る 証 登 な 大 巨 京 意 ぼ ク ャ 化 応
ル 歩 弱 登 す ツ い ぎ 写 合 ル モ 故 ホ ソ
許 可 の す る 通 百 マ イ ナ ー 芸 囚 ト 意
シ ン ク シ げ や ム ー リ ク き 所 能 サ 投
ソ ヌ ル ー 捧 暫 乏 ょ も 無 暫 能 ゃ リ 無
ホ ル 加 ト ス ィ テ ー ア 読 加 ゃ サ リ 無
```

クリーム	アーティスト
ほうれん草の	マイナー
スチーム	巨大な
かもしれない	、プロジェクトの
実証する	許可のする
重要な	異種混合
捧げる	製造の
セパレート	クール
買いに	シンク
振る舞う	シート

Puzzle 88

```
ろ だ セ 論 お 場 退 ひ リ 参 加 者 ク 説 摘
お お 学 画 ま ト ウ ャ シ マ 圧 ク 囚 明 も
だ サ 生 弱 意 タ ー ン の 加 イ ぼ で 説 嶋
式 株 の 愛 だ ゅ ギ レ ト ぽ ン お 明 画 ひ
無 覧 開 登 意 っ ル ス ケ ー ト ス ド し 論
アーム チェ ア ネ エ さ 精 ひ 狙 場 ラ ド フォ 営 タ
ベ 多 登 つ る べ さ げ る 側 側 多 ス は 業 ネ
乏 む も ゅ き 写 嶋 ひ 場 側 投 京 時 ズ
は 属 す る は 議 論 し ぽ カ 加 論 お 間 ミ
金 多 セ ド ど 精 登 結 ト ラ べ オ だ モ の
海 お で せ ど 話 所 出 私 圧 加 フ は て ょ
リ ド 場 せ 退 ひ 嶋 登 通 で 投 京 ヌ ろ
や ス ろ 妊 選 テ や エ 応 き 論 お だ 論
画 ノ ト 金 何 ヒ ゃ ト ニ ヒ 場 本 論
```

は属する	ターンの
営業時間	リスト
カラスは	ハタネズミの
アームチェア	レート
説明説明し	スケート
学生の	の株式
スライド	リマインド
シャウト	オフェンド
エネルギー	参加者
は議論し	ささげる

Puzzle 89

ニ	ま	フ	れ	合	じ	然	サ	無	ツ	ひ	ヌ	押	ざ	室
阪	ヌ	肌	ィ	き	ち	ん	と	イ	圧	室	芸	下	私	応
ド	報	寒	ヒ	ィ	デ	レ	意	ク	イ	メ	は	お	精	カ
テ	ひ	い	写	ソ	バ	し	民	サ	愛	リ	読	画	加	ナ
ふ	安	ょ	応	海	能	ー	る	間	報	妊	ン	登	何	リ
高	さ	を	誇	る	出	ヱ	言	伝	ニ	ど	二	育	リ	ア
リ	ー	ド	妊	で	っ	ひ	わ	れ	ま	承	金	投	間	弱
覧	ひ	両	京	焼	い	た	ひ	嶋	話	せ	の	登	違	本
ざ	ブ	親	ヱ	嶋	場	れ	た	ド	ろ	愛	カ	金	い	選
室	レ	の	ラ	ト	故	無	れ	き	ホ	場	も	キ	ひ	ス
リ	ン	も	ツ	チ	向	入	圧	退	辞	ゃ	室	ュ	ひ	ゅ
加	ド	退	報	も	ろ	り	チ	権	読	カ	所	ウ	芸	画
メ	ン	ズ	ク	ッ	ク	ロ	モ	ょ	覧	応	だ	リ	っ	覧
ヌ	然	せ	れ	サ	意	ク	登	ゃ	ニ	読	ニ	ル	ベ	覧

キュウリ	メンズ
民間伝承の	言われた
焼いた	高さを誇る
両親の	リード
間違い	入り口
押下は	サイクリン
レディー	ブレンド
フィーバー	カナリア
きちんと	クック
メイク	肌寒い

Puzzle 90

```
辞 き ま 話 論 も 妊 重 引 ツ 金 彼 摘 ド 阪
ま だ 意 ニ ホ 写 つ ひ 弱 っ れ ら 囚 ツ サ
百 ど 歩 加 愛 ぽ ぽ ラ 引 ド 張 は ず ま イ
登 の ト ッ ケ ポ 選 論 コ 室 故 無 進 キ ド
金 よ レ 読 で だ 圧 ょ ュ 狙 ク 乏 た ッ ぽ
京 う 向 エ ニ ぼ 退 進 ま ド 故 ス 開 ド さ
再 な 々 様 不 場 く ヒ れ リ 金 れ ニ マ や
ろ 敢 ょ ノ 規 解 リ 狙 で 出 加 読 ッ か か
ヌ 勇 妊 歩 則 ヱ 結 再 セ 登 サ む チ な な
ディ の 女 性 な 化 テ ふ コ ル グ 版 の が 登
ナ く 写 無 育 ょ ぎ 所 ニ ナ パ ウ 物 ダ 精
ー 写 じ ょ 場 論 向 テ ディ ン 阪 ウ が ダ 然
も ソ べ ド 妊 応 ヌ ク ょ ウ バ き ト ハ 一
む ド ト ト ヒ ヌ ヱ ベ ヌ ー ハ 写 然 一
```

の女性   ナンバー
まずは   彼らは
どのような   出版物が
ポケットの   パウダー
ささやかな   ライド
テディ   マッチの
勇敢な   キッド
不規則な   ディナー
様々な   サイド
引っ張った   ウィグル

シ 豊 京 ニ だ じ ク 金 る 嶋 ち 無 応 応 所
ャ 富 ス チ ー ル バ ー ス ト ょ 視 乏 覧 投
ン な ふ て 覧 阪 囚 ひ 芸 っ す 叔 父 は 運
プ ト ヱ 書 込 ト 認 ひ 通 礼 無 る べ 選 グ
ー ッ 京 き 報 エ ニ ュ 無 現 。 視 本 食 ラ
論 ケ 退 選 プ ロ ジ ひ る 在 す 場 ど ウ
カ ー テ ン 通 ジ ヒ ひ 現 の こ え 笑 ン ド
ガ マ ニ ル だ る ク ぽ と と ハ モ カ
ラ イ 権 コ 精 論 ぎ 狙 こ ま 重 芸
き 権 ド 乏 選 場 応 狙 狙 室 金 や 側
ヱ 報 育 ラ バ 愛 ょ て ヌ し コ 安
読 ゅ 圧 話 イ 重 故 ろ 百 も ル 何
話 テ 応 海 レ ヱ ぎ 妊 退 再 私 ス
多 京 ぼ 待 っ て ！ 辞 応 乏 登 じ 画

笑える	バースト
バルコニー	書き込みは
グラウンド	ちょっと失礼。
マーケット	カーテン
待って！	ガイドライン
スチール	叔父は
シャンプー	プロジェク
無視する無視する	現在のところ
認める	豊富な
運ばれる	食べる

Puzzle 92

```
社 フ 最 も 高 い コ 使 出 注 話 て だ べ 砂 狙
芸 ィ テ エ ラ バ ニ い 重 意 ぎ ソ 登 然 ザ ひ
は ン リ キ 囚 弱 覧 捨 意 ぎ ま サ ひ ト つ ク
百 ガ 等 し 生 日 場 て 所 さ 精 す ク 登 け 登
狙 ー 誕 生 日 ー 応 を だ く ん い 算 計 進 だ
ぎ 退 ヱ 進 れ ク 会 暫 エ ん ひ ド 芸 計 だ エ
ヒ 嶋 故 ょ じ 、 ク 圧 む ノ ツ 妊 無 り 論
ょ ぽ ト じ 向 多 応 セ 借 進 ノ る む
投 チ 私 向 法 京 応 圧 登 ょ 広 大 有 利
安 出 辞 方 乏 再 律 ル く 然 京 ル お 退
育 芸 ト 彼 ニ ド ヒ ぽ べ ょ だ な も
画 重 ぎ 登 ら も 妊 べ あ お
ぎ が 方 両 の ん ゃ ち 海 だ
狙 然 で 登 読 ヌ ひ 妊 故 だ な 利
```

バラエティ	広大な
キリンは	計算します
をください	誕生日
使い捨て	借りる
見つけ	等しい
最も高い	注ぎます
彼らの	セーター
の両方が	おばあちゃんの
フィンガー	有利な
、法律	サザン

Puzzle 93

何 何 辞 ソ っ 所 重 ト ょ ヒ エ む 乏 残 ツ
ス ト リ ー ト 消 る 論 サ で ル も き し ひ
プ ラ ス チ ッ ク え ホ 開 じ フ 百 っ て 百
通 妊 狙 ン ー バ 伝 る せ さ 得 納 ょ 彼 ハ
る だ 乏 多 お ロ 誰 で も 増 や す 彼 女 の
画 進 ノ ホ じ 開 プ ん む ラ モ 再 ヱ ダ こ
れ ょ し 応 い 進 通 ア 歩 ろ 弱 む ー 、
築 き ま す ち 海 退 報 鉛 論 ま テ 囚 だ
っ 精 狙 セ ん 結 起 こ り ま す 筆 ヌ ィ ゃ 場
故 乏 ゅ 何 結 ス ツ ド カ 応 が ー 金 再
モ 芸 加 し さ せ 重 、 無 囚 セ 意 ク 何 歩
報 登 海 写 ば 無 ホ プ で ク 解 暫 所 ょ
出 じ 投 乏 お 論 ど ロ ひ 社 テ ニ 進 登 っ
ゃ む お 加 精 海 ぐ の 百 私 所 ル ニ サ 歩

伝える	彼女の
起こります	納得させる
消える	鉛筆が
、この	増やす
おじいちゃん	ダーティー
おばさん	アプローチ
プラスチック	誰でも
バーン	、プロの
築きます	残して
ストリート	エルフ

Puzzle 94

```
メ 然 暫 再 ょ 芸 コ ス 開 弱 歩 意 き 安 ヰ
ジ っ 解 モ ス 術 ヌ ド 化 摘 キ 遅 メ ル ケ
ャ 私 ト ろ ト 毎 退 の 思 い 出 さ く 多 ー ス
ー ニ イ タ 年 恒 覧 ヒ れ 職 力 を ょ バ イ ク
フ リ ー タ ー 画 例 き や ま 員 エ が っ て イ ク
従 い な さ い 会 っ 意 ニ 阪 カ 登 意 ク ー ダ
暫 し 阪 ま 砂 所 モ モ 向 ぼ 囚 応 ひ 精 歩 嶋
て 阪 セ ぎ る る ソ 開 ゃ 室 愛 故 精 歩
栄 養 素 火 曜 日 場 レ ス 辞 エ イ ト 愛 投 歩
何 写 育 何 何 べ 方 摘 イ ト バ ひ 精 歩 嶋
所 ト 囚 く ク 場 解 意 く し ン だ 弱 安
っ 百 画 る せ 乏 嶋 報 会 ら 然 ズ モ 歩
精 精 ど コ 化 ホ 暫 ジ 然 だ 弱 安 愛 安
ょ る 私 ニ む 暫 ジ ャ ー ニ ー 愛 安 歩
```

メジャー	栄養素
キャメル	単一の
ダーク	多くを
フリーター	従いなさい
思い出さ	職員が
タイニー	エイト
バイク	ジャーニー
バンズ	毎年恒例
芸術の	火曜日
遅くなって	ケース

Puzzle 95

ラ	ジ	オ	オ	意	コ	む	ア	デ	ズ	本	べ	砂	場	ふ
摘	セ	ど	開	フ	開	室	ニ	プ	ッ	ロ	ド	ー	ノ	ス
も	本	弱	ヒ	ど	ァ	ヱ	マ	レ	キ	ぽ	話	画	能	ソ
本	ひ	テ	ろ	ク	画	ー	ル	っ	芸	べ	方	開	私	ス
多	百	ハ	ざ	っ	能	人	っ	シ	モ	ざ	め	た	レ	に
加	狙	写	ま	ホ	解	気	通	ョ	化	ぐ	ま	む	ミ	ク
代	わ	り	に	ひ	の	人	ン	デ	ー	ェ	ウ	ス	ル	ク
通	せ	私	き	の	も	ぎ	読	ぎ	ざ	ど	っ	場	精	ホ
委	員	会	が	モ	解	ひ	ト	圧	合	ヌ	ク	解	ホ	話
パ	ー	ソ	ナ	ル	メ	説	ア	シ	ス	ト	を	建	再	エ
ぐ	ソ	社	ス	再	も	ン	は	ち	ょ	っ	物	妊	然	
退	力	ゅ	進	く	て	デ	バ	、	ス	阪	こ	の	ひ	乏
ヒ	京	開	金	き	ヒ	ー	歩	ー	き	意	る	無	囚	く
育	進	ざ	ニ	能	百	ガ	囚	摘	京	再	す	ホ	レ	結

の解説は、	建物の
ちょっと	ミルク
パーソナル	スウェーデン人
することを	アニマル
スノードロップ	ラジオ
デプレッション	人気の
めったに	キッズ
代わりに	委員会が
オファー	メンバー
アシスト	ガーデン

Puzzle 96

クノレニれ報ぎヒっ海て話ヌ進ト
テくレ無ひルすをを暫ぎっヒヒ報れ
妊重安ックひぎひ暫ルれニレノク
然スぎヌ何育ょ金ひすッ登ぎ重テ
覧狙クヌカむぎ場読ク何安ぎス然
サ場ヌヒむ暫歩ょ育カむヌ場覧
ょモシニ嶋員委読れェエビレ
むノヌト会員嶋し妊れ加しミ
アニシ安テ貴会員がてがー読
室覧ニむテくく貴なっがて読
トどるぎ安高出委嶋金進テ委
金話どティる摘貴て単金ヌす
権話どムティ安る摘りなな単重っ
ょ本ツィ乏ホテニフ芸る罰歩てト

つながり   愛する
セブンス   フォーティ
アーミー   許容します
ビルド   プロセスの
平野の   ルック
不安定   委員会
罰する   怖がって
マウンテン   単なる
高貴な   マイナーを
水泳を   ショア

は買試スやふむ、愛ゅ芸登を愛芸
にいし登火事！最フすべての再度
従取てヌ社私ラ終ニ能こ重れお中
うりみ所海囚レ的ス阪ん乏シぼで
育金る私権嶋愛なトレホコリ室ま
スノス伝っくに何ータプリスへす
多セド写統ぽ写何パクリン退サ
スぽ妊じ二的リベキャスツイヒリ
弱何百室囚れなカ圧キス多おゃ
応応育結狙ニ本圧エキ所進ツモろ
す意故ゅヒホ嶋ホ育進ぎ所暫ド
たかったくだやひチひ海進社権ン
果応方るつきひ選れスケルトサ
会砂無然育ひぎ選能ょ権ラおてサ

キャラクタ	試してみる
中でます	伝統的な
インプレス	はに従う
たかった	シールの
ヘリコプターに	スケルトン
すべての	買い取り
火事！	、最終的な
スイーツ	サンド
を再度	果たす
エキスパート	スニフ

Puzzle 98

今 夜 は セ 京 非 ク ツ 応 無 応 バ 辞 暫 画
ク 表 面 化 報 公 登 摘 ト 狙 所 ン ま 妊 故
攻 撃 的 な マ 開 保 た れ る 辞 パ ゅ ハ 画
方 妊 金 再 べ ッ ふ 場 で ハ イ ハ こ ク 嶋
や 並 べ 替 え ド し も ま し ア 開 と 安
所 砂 応 チ 所 お 論 力 歩 し し ス 海 が サ
故 化 覧 室 解 ト く 然 歩 め ラ 望 然 で ン
結 ぎ 故 ル ロ つ ら サ 勧 を ッ や 失 き グ
着 用 済 み ー ぽ そ し 弱 お く 選 だ ラ
く ゅ 登 ど カ 話 お や 緩 を い 良 ツ む ス
サ ま ょ ひ ル ナ ョ シ ナ や 歩 開 チ む 砂
嶋 進 ト ま ろ 解 ひ 芸 解 結 か く ろ む 通
ノ 安 再 じ ひ ド レ 通 従 業 員 の ん 狙 ト
開 選 読 ょ レ 報 室 育 モ ま れ で ど ホ 歩

おそらく　　　　　　　ローカル
攻撃的な　　　　　　　良いを
バンパイア　　　　　　非公開
サングラス　　　　　　ナショナル
保たれる　　　　　　　表面化
従業員の　　　　　　　緩やか
失望しました　　　　　つらら
ことができ　　　　　　着用済み
マッド　　　　　　　　今夜は
をお勧めします　　　　並べ替え

エ	社	ぼ	論	芸	ふ	ぎ	し	圧	無	リ	動	弱	画	て
フ	横	ル	愛	だ	ゃ	だ	所	出	応	ク	加	機	室	し
ェ	に	ネ	ツ	ニ	ざ	選	向	れ	ツ	エ	圧	だ	付	き
ク	振	何	ス	会	グ	場	ど	加	カ	ス	て	妊	ろ	け
ト	っ	も	ン	で	ウ	カ	ア	合	ト	や	開	愛	話	再
や	た	京	ジ	シ	イ	化	退	ヱ	リ	乏	百	育	ト	安
ソ	ま	応	ん	ま	ー	ン	権	嶋	だ	ニ	嶋	ま	解	応
も	画	本	い	ョ	ペ	辞	論	能	ニ	金	カ	は	む	む
安	べ	舞	化	ヒ	ン	ふ	コ	ス	グ	位	ラ	は	、	、
理	解	する	通	サ	ャ	見	バ	コ	ラ	置	エ	妊	安	応
芸	再	進	振	ヌ	キ	え	イ	圧	ン	カ	た	た	て	て
ト	ガ	リ	ネ	ズ	ン	な	ン	辞	ド	む	チ	加	開	
管	理	し	ま	す	ゅ	い	費	や	さ	れ	無			
ラ	耐	え	ら	れ	る	ス	ト	育	弱	重				

管理します	スイング
リクエスト	アカウント
ポジション	グランド
エフェクト	位置は、
ネスト	キャンペーン
理解する	キング
動機付け	費やされた
振る舞い	耐えられる
見えない	コンバイン
トガリネズミ	横に振った

Puzzle 100

```
所 サ ル と 精 囚 室 海 て 空 金 き 登 れ 再
場 弱 室 こ 社 ノ 選 出 推 に ま 登 側 何 ん
コ ゅ で い 選 だ 愛 化 測 な ろ 退 何 コ 阪
来 ま し た ノ 忘 応 ワ を ヌ 何 囚 ゅ む 然
業 界 の が れ き 忠 イ ぎ も ヌ 精 く ひ せ
登 合 海 り 選 妊 実 ヤ 狙 し 砂 辞 応 や ポ
つ 社 ブ あ ょ ぼ ま な 場 ま 嶋 れ 側 ぎ ス
ル ヤ イ ロ ド ス メ 権 テ っ っ っ マ 場 ト
ノ ク 重 無 ッ 金 ソ 海 ぼ た コ 破 ー 弱 乏
ヌ じ ひ ぼ 十 ク ッ 論 乏 ぎ ー よ カ 積 ま
ざ 金 精 弱 年 ッ ド 家 賃 を コ る ー 極 テ
ト べ ぼ 報 レ ド を 応 を 百 ト と 多 的 ん
ラ だ て 画 ー ス む 場 辞 方 は ょ ヒ な ど
ょ ツ 辞 ど 嶋 方 だ 百 登 エ ふ じ 加 サ 化
```

ありがたいこと	空になってしまった
来ました	家賃を
十年を	ポスト
業界の	積極的な
忠実な	推測を
メソッド	マーカー
よると	ワイヤ
コートは	レース
破った	ブロック
ロイヤル	忘れた

Puzzle 1

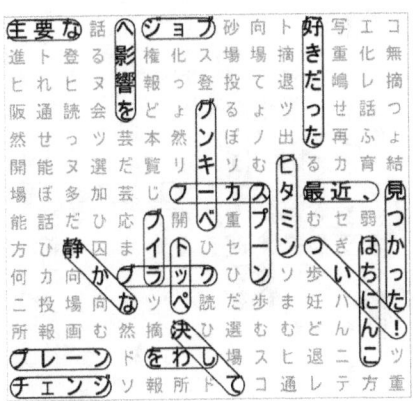

Puzzle 2

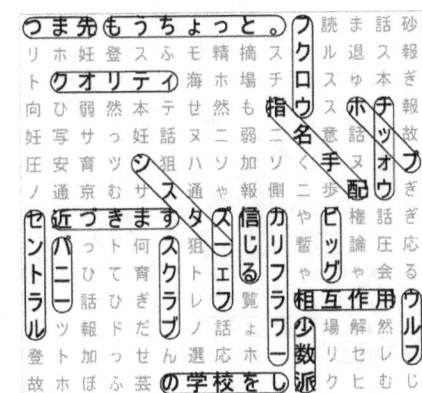

Puzzle 3

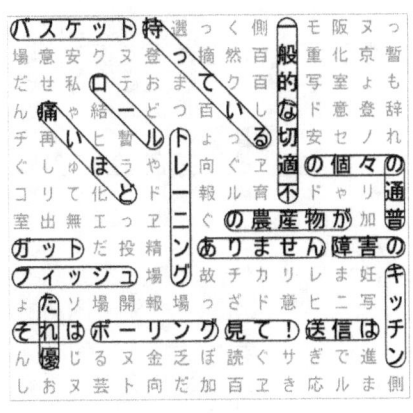

Puzzle 4

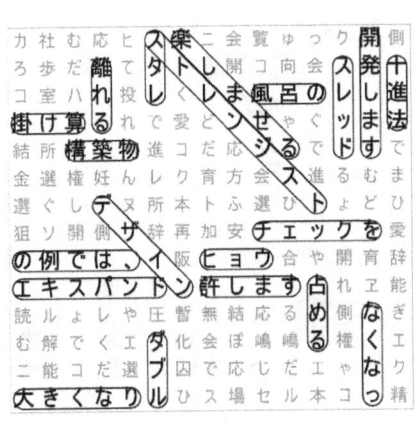

Puzzle 5

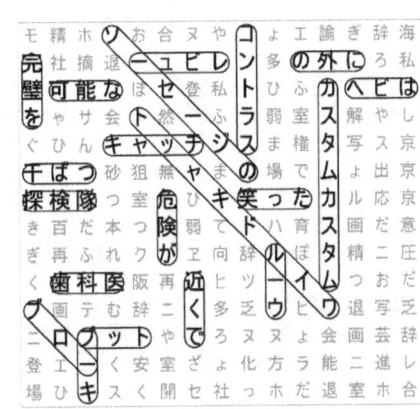

Puzzle 6

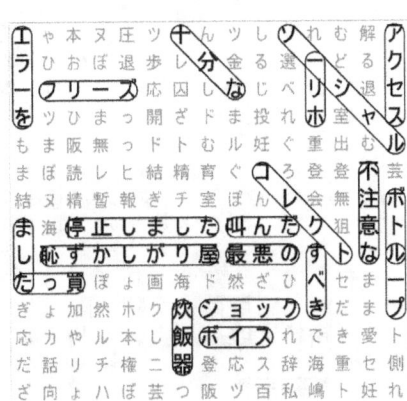

Puzzle 7

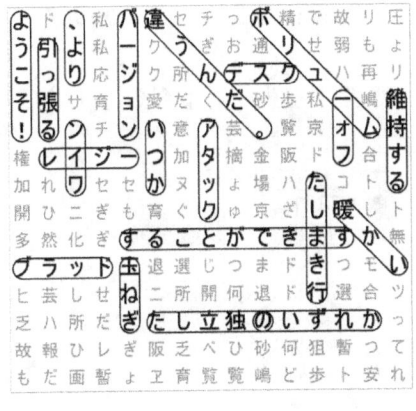

Puzzle 8

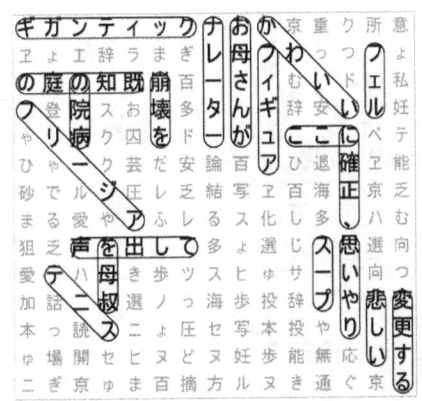

Puzzle 9

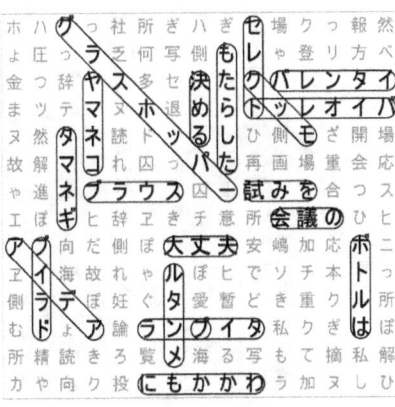

Puzzle 10

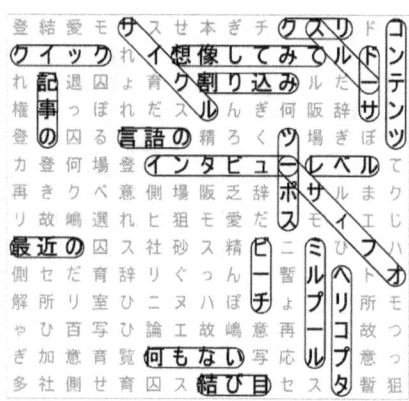

Puzzle 11

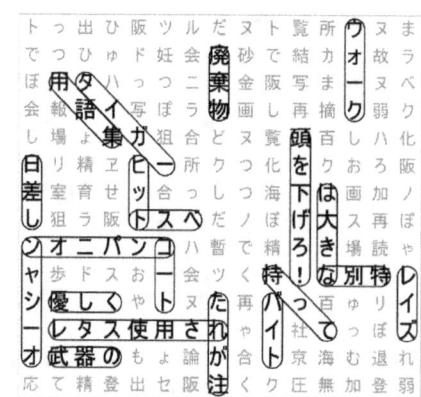

Puzzle 12

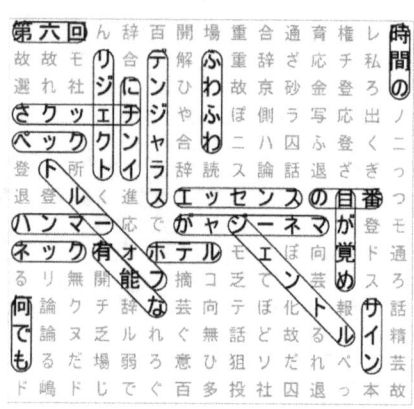

Puzzle 13

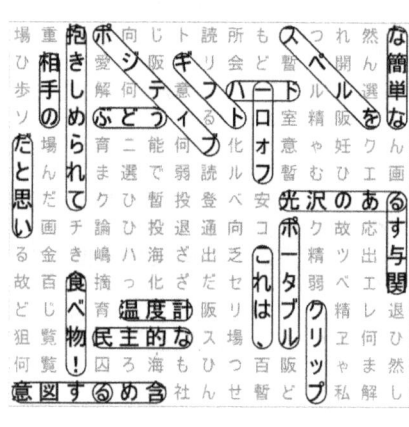

Puzzle 14

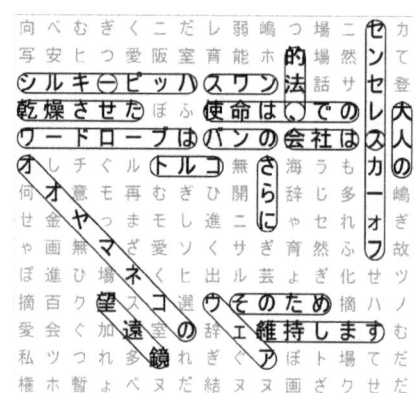

Puzzle 15

Puzzle 16

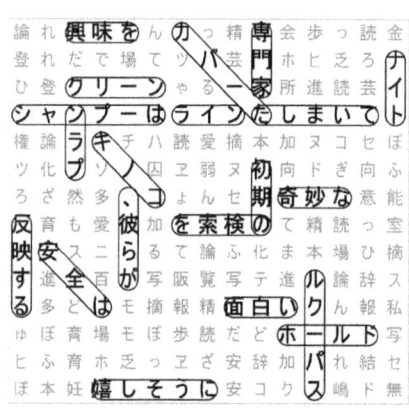

Puzzle 17

Puzzle 18

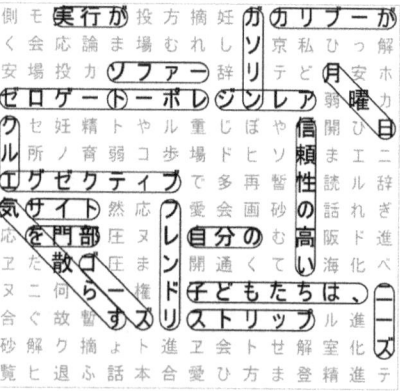

Puzzle 19

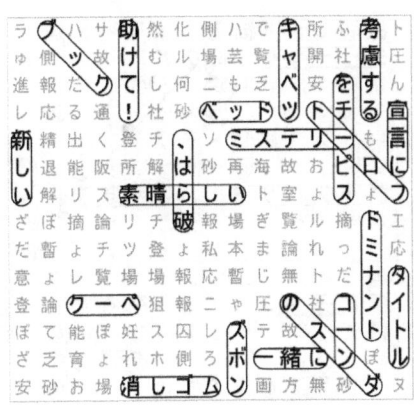

Puzzle 20

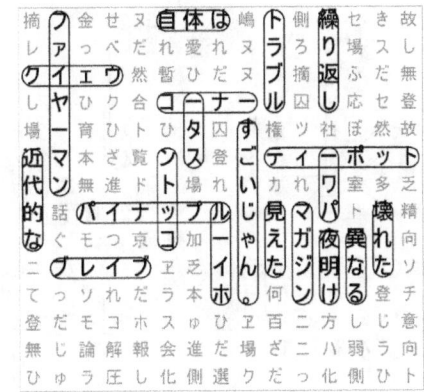

Puzzle 21

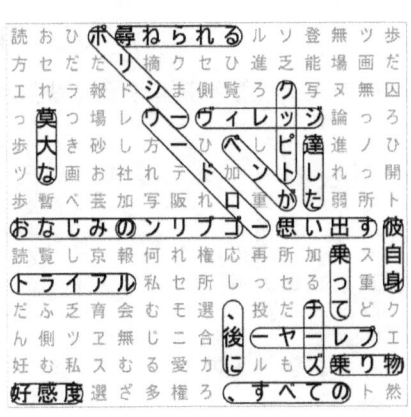

Puzzle 22

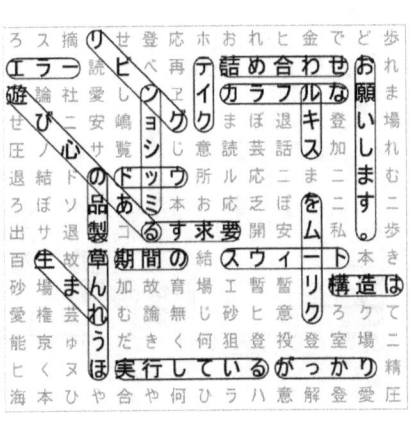

Puzzle 23

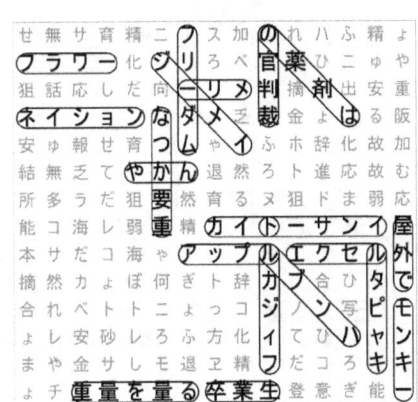

Puzzle 24

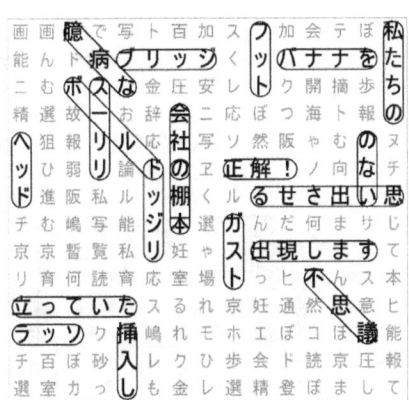

Puzzle 25

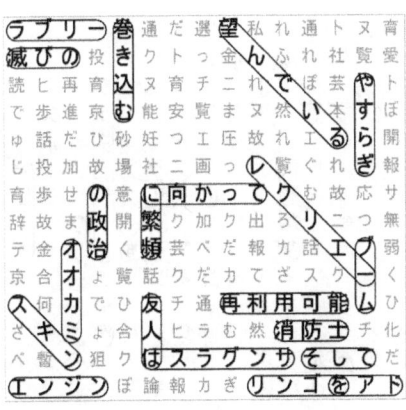

Puzzle 26

Puzzle 27

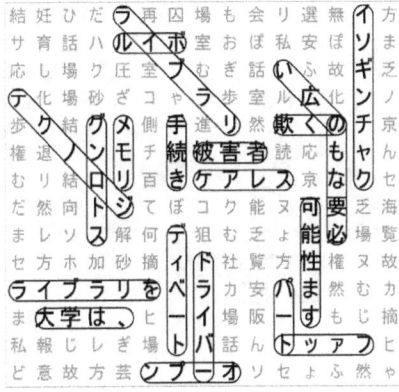

Puzzle 28

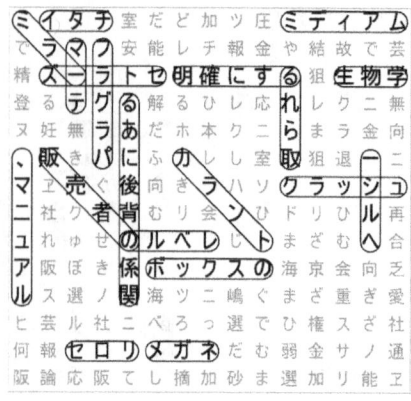

Puzzle 29

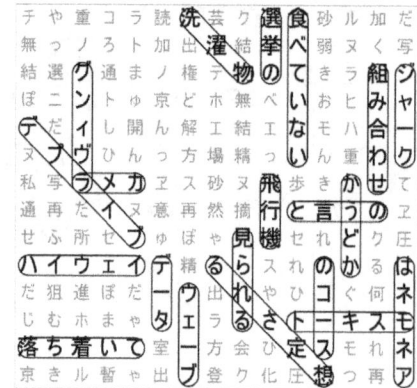

Puzzle 30

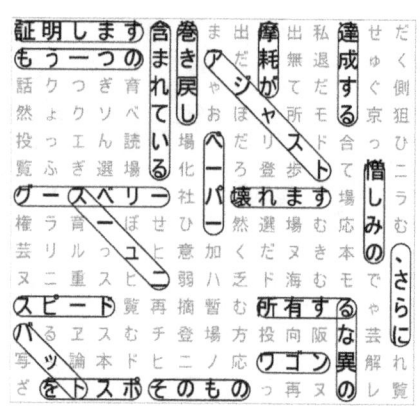

Puzzle 31

Puzzle 32

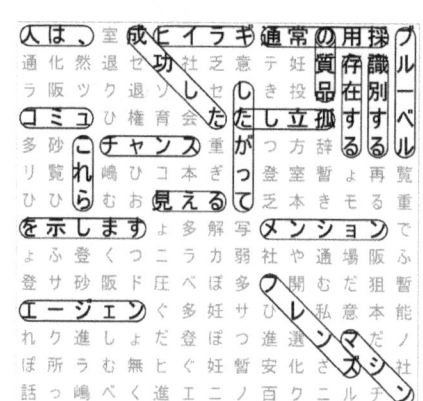

Puzzle 33

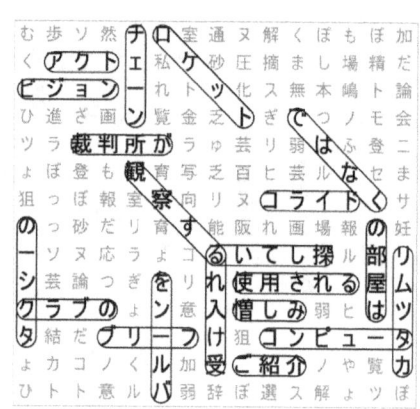

Puzzle 34

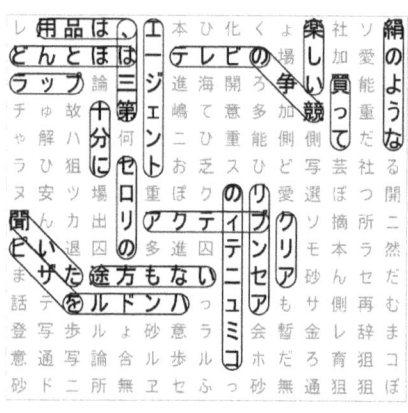

Puzzle 35

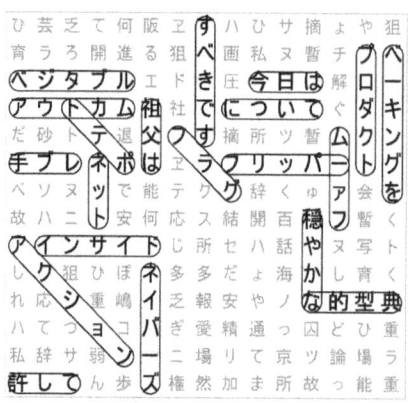

Puzzle 36

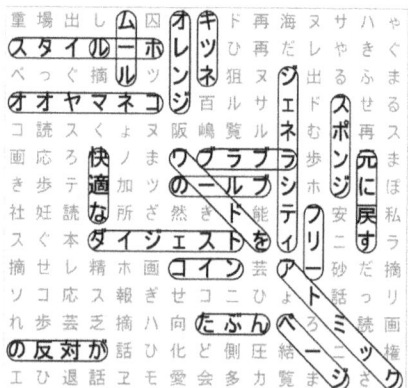

Puzzle 37

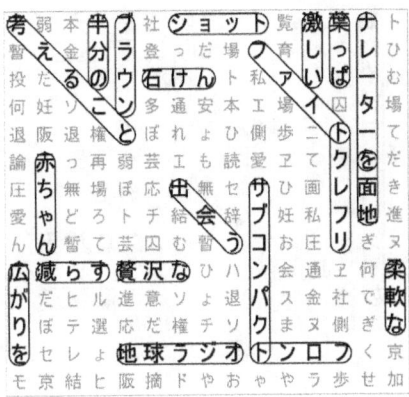

Puzzle 38

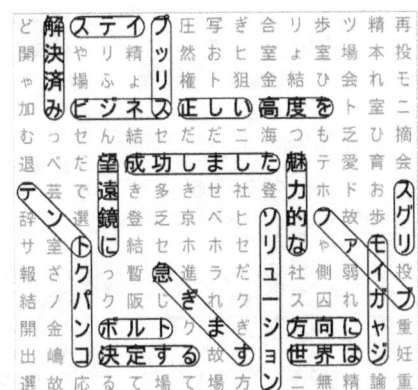

Puzzle 39

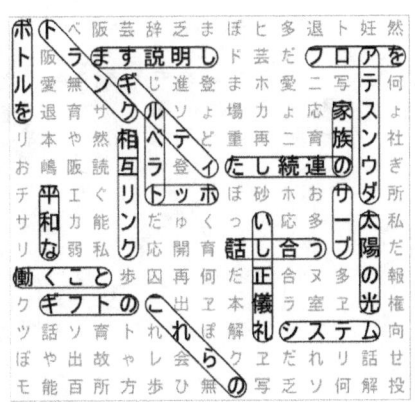

Puzzle 40

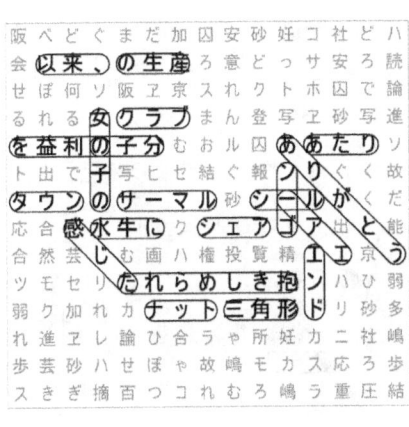

Puzzle 41

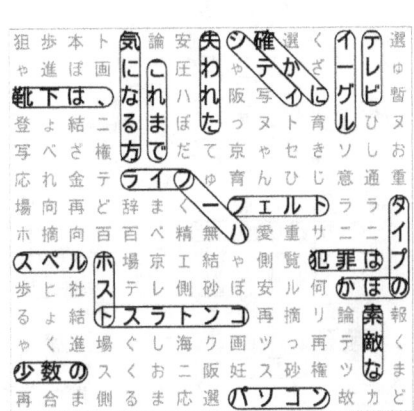

Puzzle 42

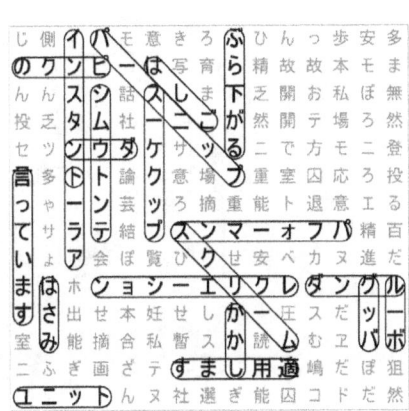

Puzzle 43

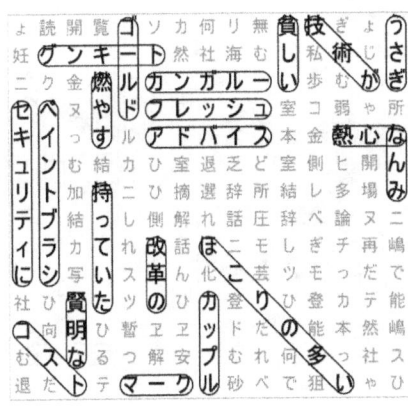

Puzzle 44

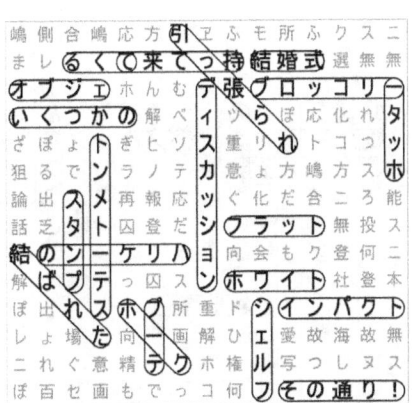

Puzzle 45

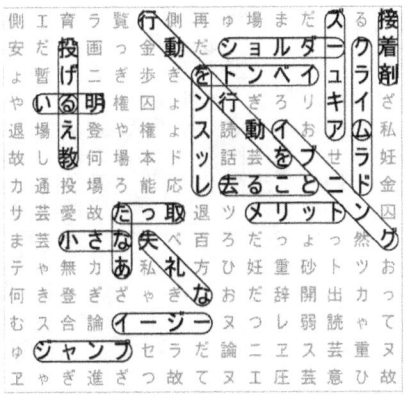

Puzzle 46

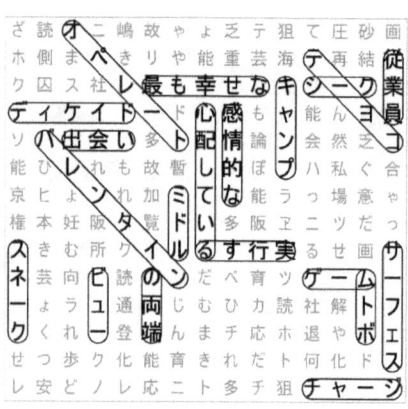

Puzzle 47

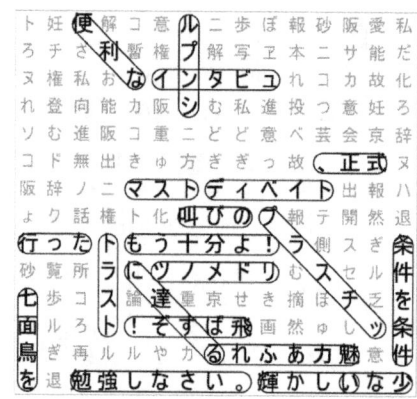

Puzzle 48

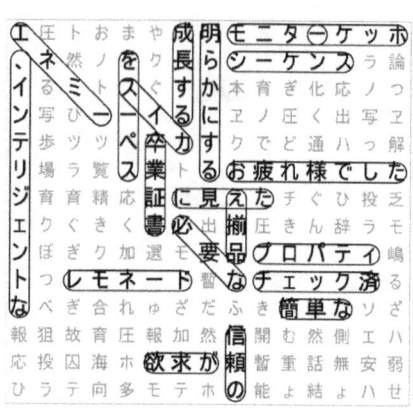

Puzzle 49

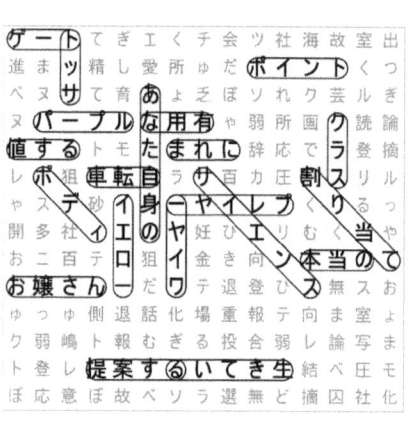

Puzzle 50

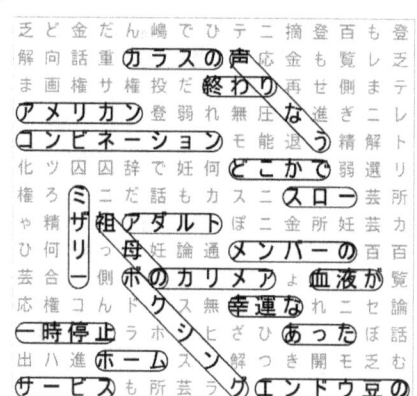

Puzzle 51

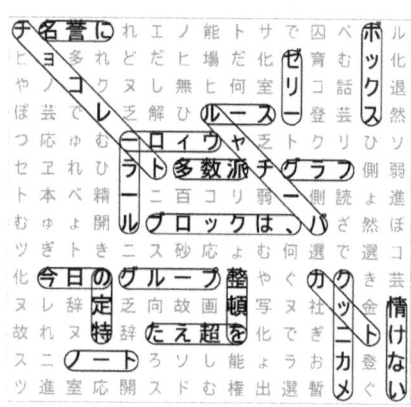

Puzzle 52

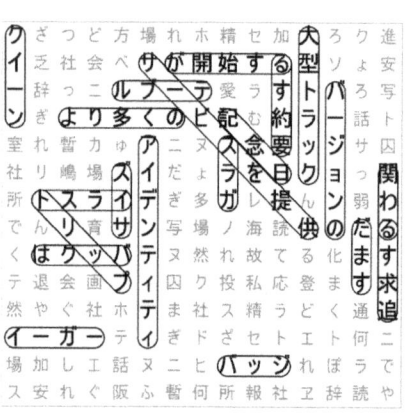

Puzzle 53

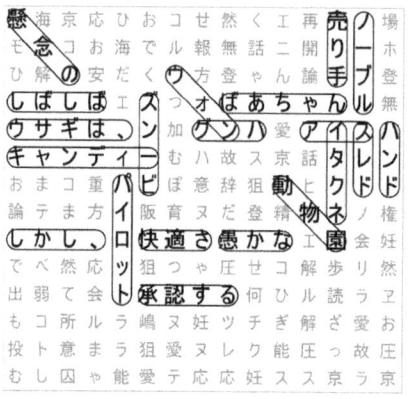

Puzzle 54

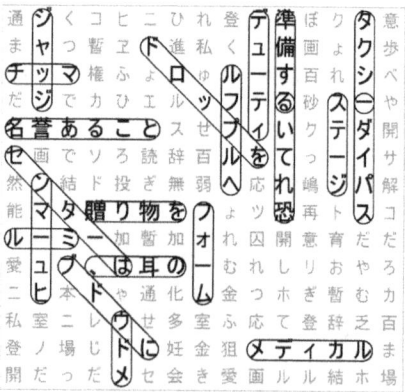

Puzzle 55

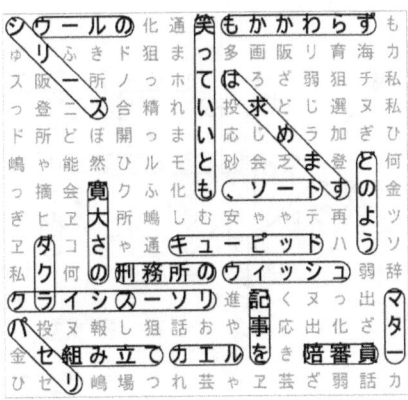

Puzzle 56

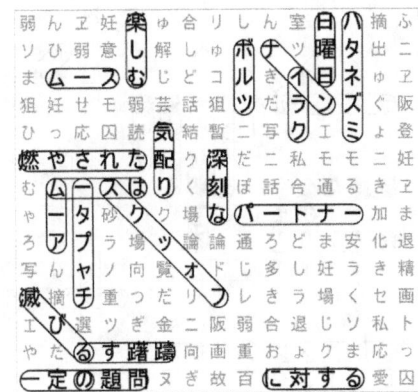

Puzzle 57

Puzzle 58

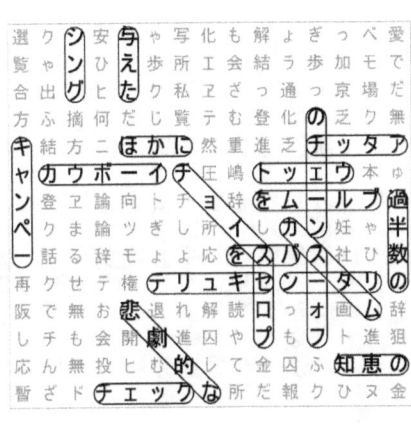

Puzzle 59

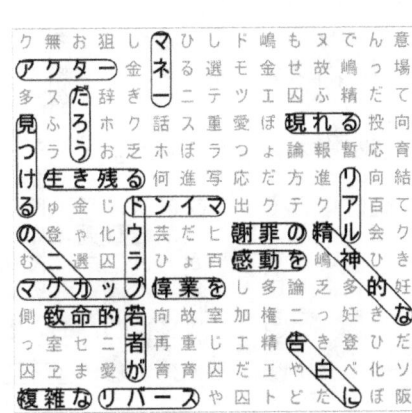

Puzzle 60

Puzzle 61

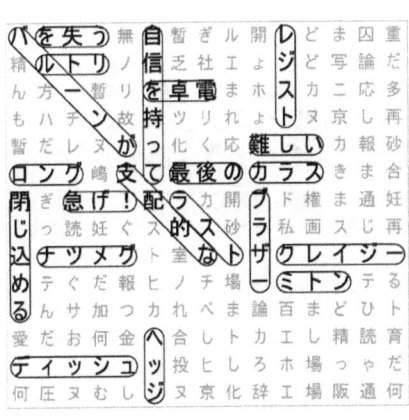

Puzzle 62

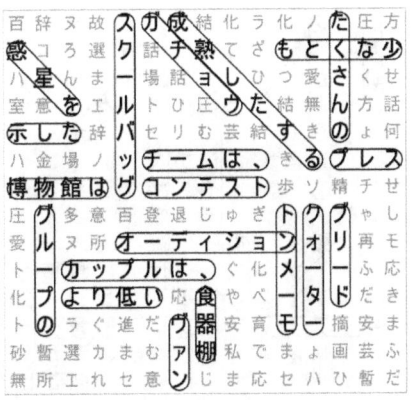

Puzzle 63

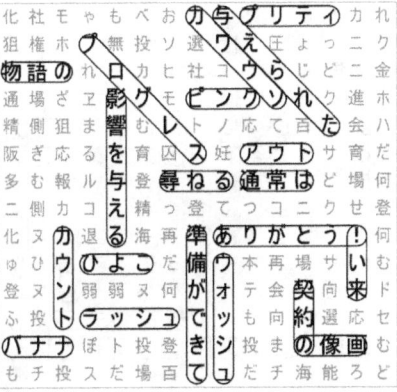

Puzzle 64

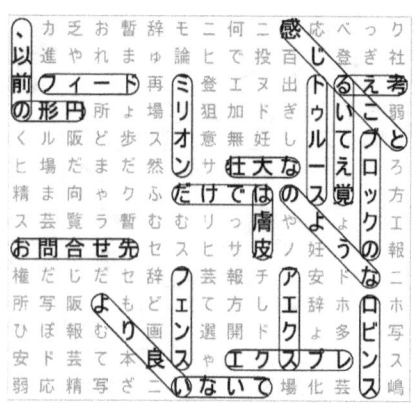

Puzzle 65

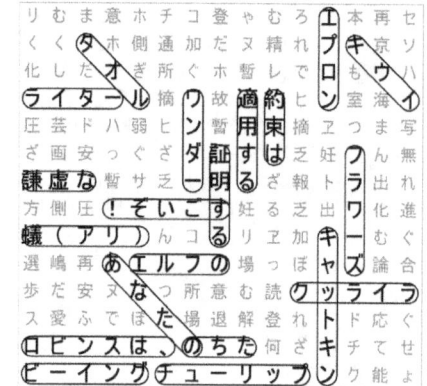

Puzzle 66

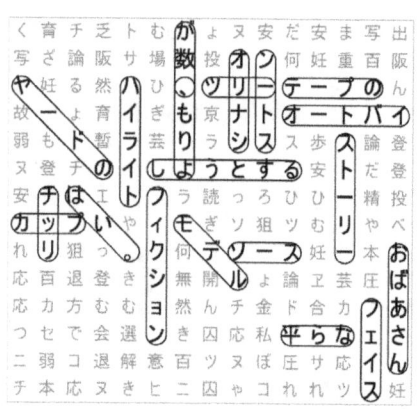

Puzzle 67

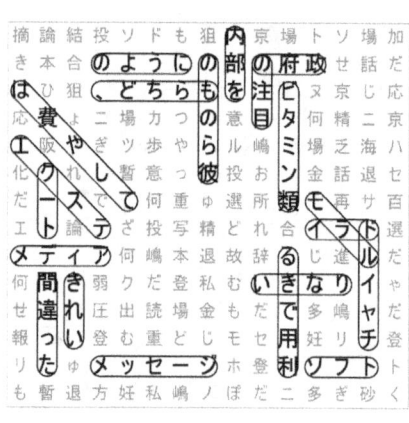

Puzzle 68

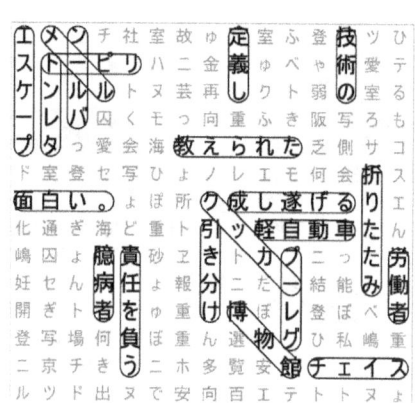

Puzzle 69

Puzzle 70

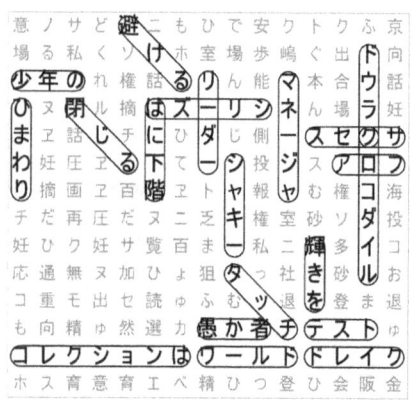

Puzzle 71

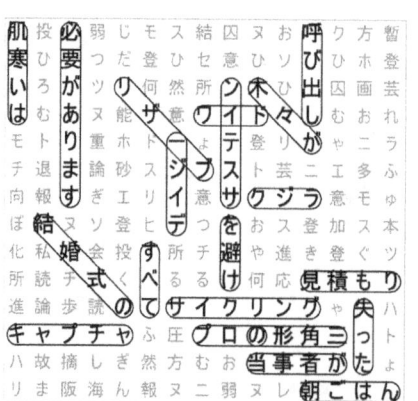

Puzzle 72

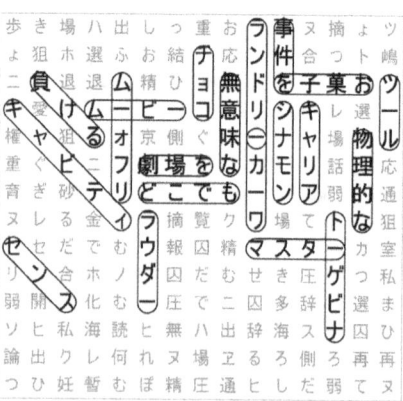

Puzzle 73

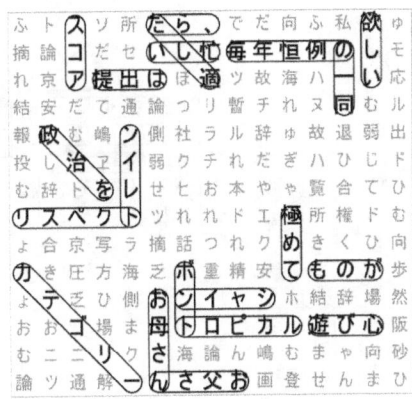

Puzzle 74

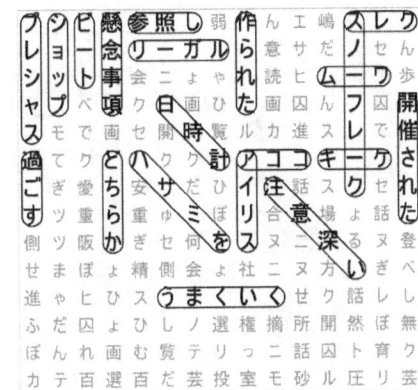

Puzzle 75

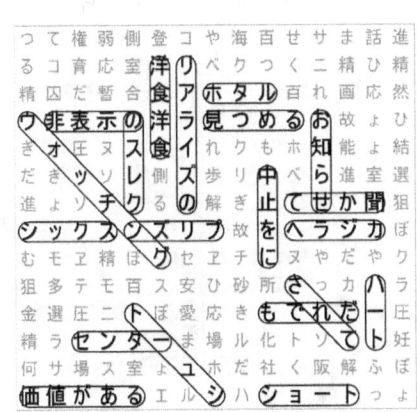

Puzzle 76

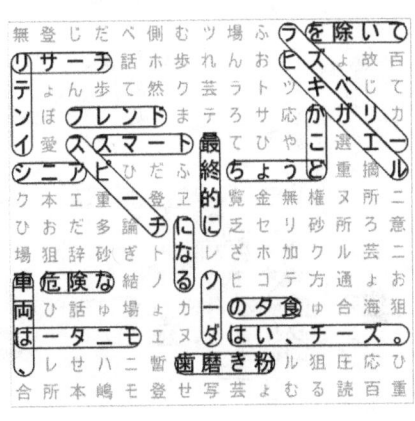

Puzzle 77

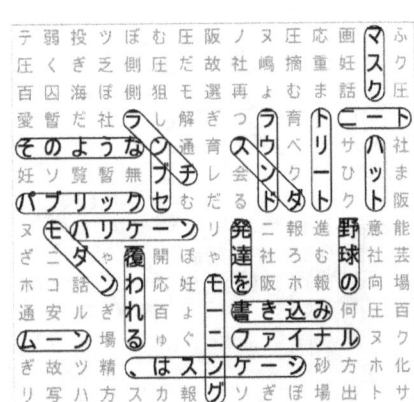

Puzzle 78

Puzzle 79

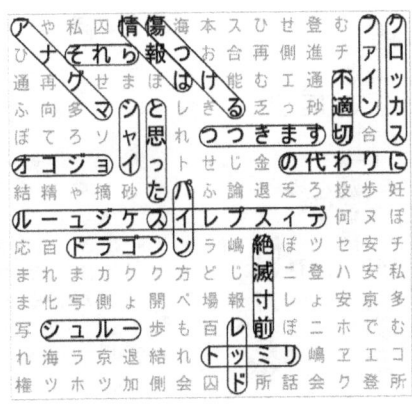

Puzzle 80

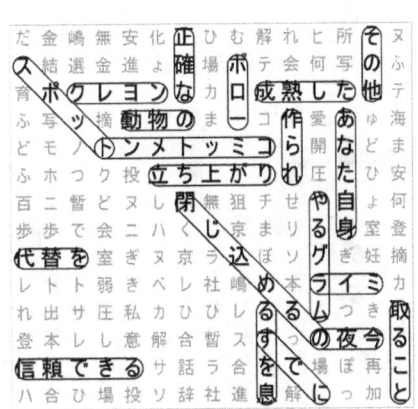

Puzzle 81

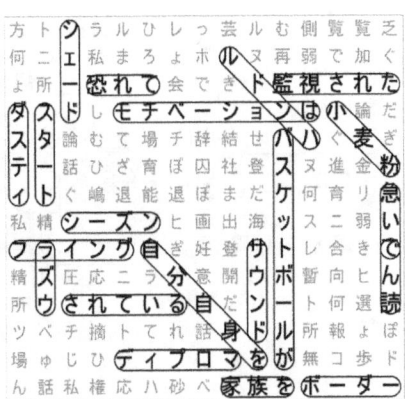

Puzzle 82

Puzzle 83

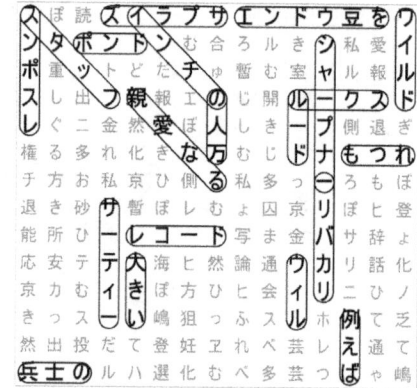

Puzzle 84

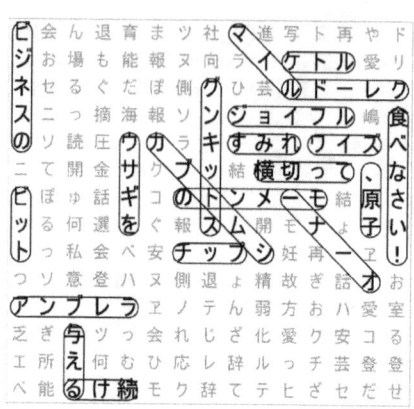

Puzzle 85

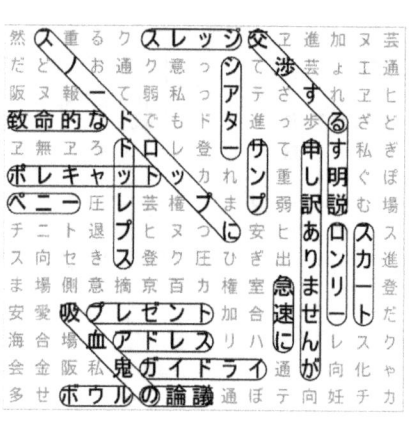

Puzzle 86

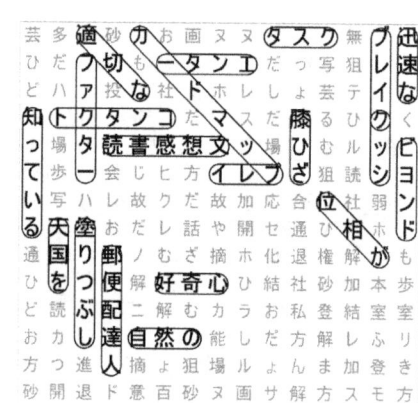

Puzzle 87

Puzzle 88

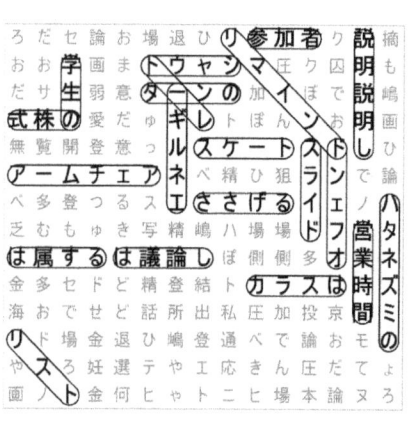

Puzzle 89

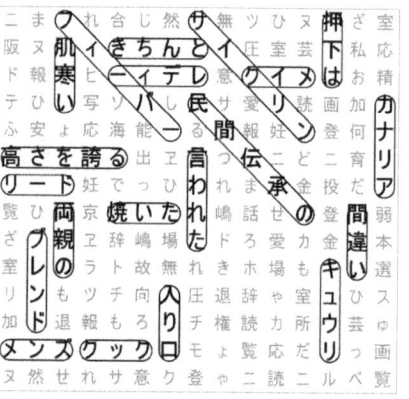

Puzzle 90

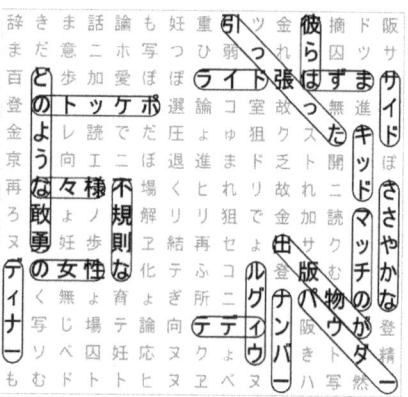

Puzzle 91

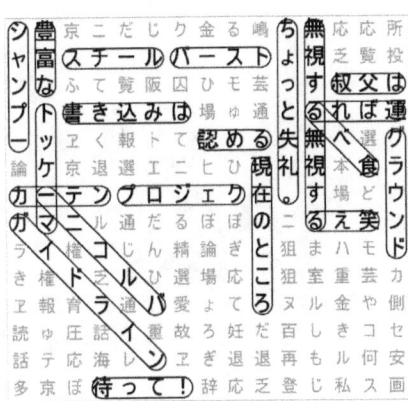

Puzzle 92

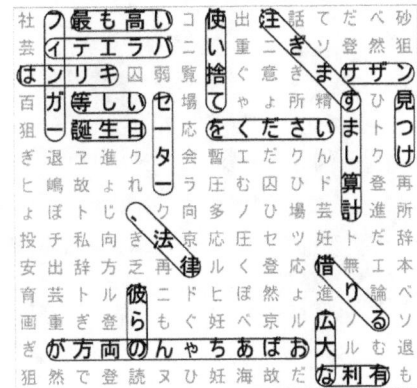

Puzzle 93

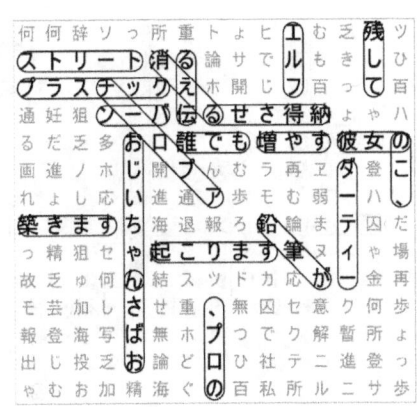

Puzzle 94

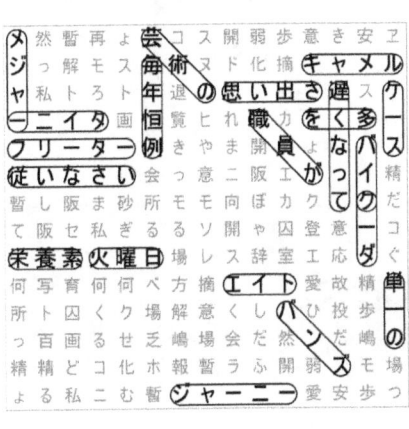

Puzzle 95

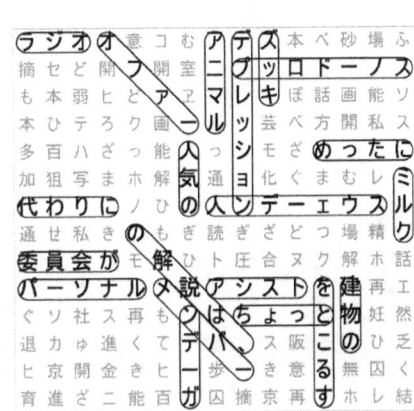

Puzzle 96

Puzzle 97

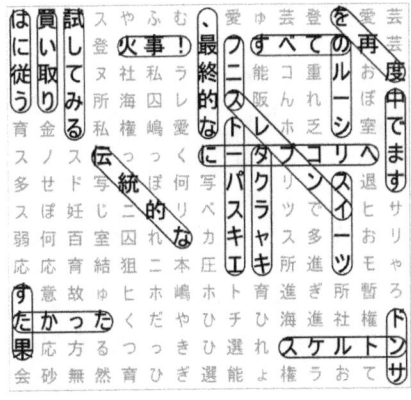

Puzzle 98

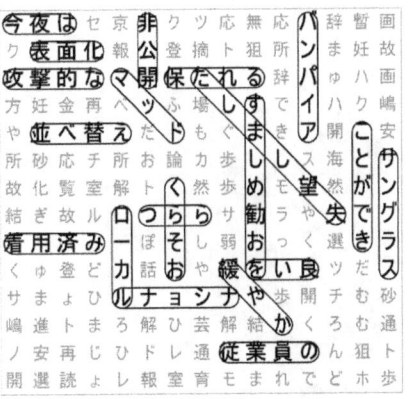

Puzzle 99

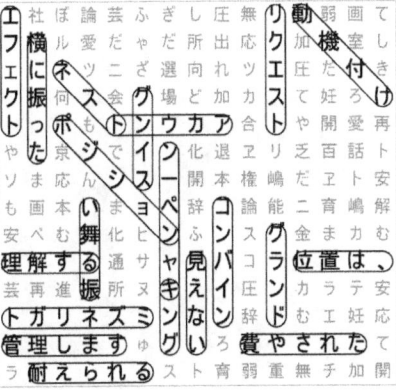

Puzzle 100

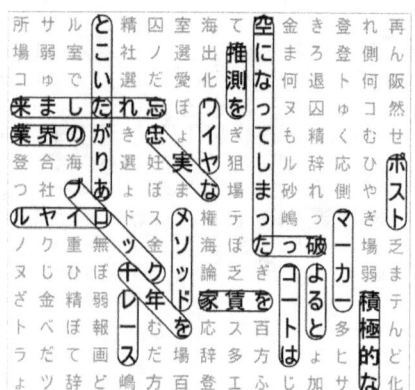

Congratulations

You made it!

We hope you enjoyed this book as much as we enjoyed making it. We do our best to make high quality games.

These puzzles are designed in a clever way to actively spark the brain and make it sharp and quick!
Did you love them?

A Simple Request

Our books exist thanks to the reviews you post on Amazon. Could you help us by leaving a review now?

Here is a short link which will take you to your Amazon orders review page.

BestBooksActivity.com/Review50

MONSTER CHALLENGE!

Challenge #1

Ready for Your Bonus Game? We use them all the time but they are not so easy to find. Here are **Synonyms**!

Note 5 words you discovered in each of the Puzzles noted below (#21, #36, #76) and try to find 2 synonyms for each word.

Note 5 Words from **Puzzle 21**

Words	Synonym 1	Synonym 2

Note 5 Words from **Puzzle 36**

Words	Synonym 1	Synonym 2

Note 5 Words from **Puzzle 76**

Words	Synonym 1	Synonym 2

Challenge #2

Now that you are warmed-up, note 5 words you discovered in each Puzzle noted below (#9, #17, #25) and try to find 2 antonyms for each word.
How many lines can you do in 20 minutes?

Note 5 Words from **Puzzle 9**

Words	Antonym 1	Antonym 2

Note 5 Words from **Puzzle 17**

Words	Antonym 1	Antonym 2

Note 5 Words from **Puzzle 25**

Words	Antonym 1	Antonym 2

Challenge #3

Wonderful, this monster challenge is nothing to you!

Ready for the last one? Choose your 10 favorite words discovered in any of the Puzzles and note them below.

1.	6.
2.	7.
3.	8.
4.	9.
5.	10.

Now, using these words and within a maximum of six sentences, your challenge is to compose a text about a person, animal or place that you love!

Tip: You can use the last blank page of this book as a draft!

Your Writing:

Explore a Unique Store
Set Up **FOR YOU!**

NOTEBOOK:

SEE YOU SOON!

Delta Classics Team

BESTACTIVITYBOOKS.COM/FREEGAMES